北竹汶府

曼谷

บางกอก

象島

เกาะช้าง

第一本
象島自助旅遊書！

作者◎傑菲亞娃

U0005387

推薦序 泰國觀光局台北辦事處長 邱杰 004

推薦序 泰國航空業務經理 沈心善 005

推薦序 節目製作人 陳銘軒 006

作者序 & 關於作者 008

如何使用本書 010

編輯室提醒 012

旅遊新主張：海島旅遊的 8 大理由 014

泰式新浪潮 020

【泰好用】超商、賣場超夯好物 022

【泰唰嘴】必買的零食伴手禮 026

【泰好吃】平價美食路邊攤 030

【泰美味】泰式餐廳經典料理 034

【泰時尚】引領風潮的泰國新創設計 038

泰國旅遊不可不知 042

旅遊路線推薦 046

泰國小檔案 048

地圖目錄

曼谷市區地圖 封面裡

曼谷捷運 & 地鐵路線圖 封底裡

曼谷、達叻府、尖竹汶府、象島相對位置圖 013

泰國全圖 049

象島全圖 059

跳島相對位置圖 076

白沙灘地圖 097

孔拋海灘地圖 103

卡貝海灘地圖 107

孤獨海灘地圖 108

邦包漁村地圖 109

東部沙拉克碧區地圖 113

達叻府景點地圖 130

尖竹汶府景點地圖 140

湄南河遊船路線圖 190

河中島地圖 203

56 快意樂活的象島

koh chang

象島
叢林・漁夫・沙灘・海島
เกาะช้าง

陽傘原始的原外視野
本書圖片介紹的你的海島，是布娜裡二人島，也是網頁圖海藻象剛可分時最的海藻拍。象剛上最、最好少於各物約較的古島，每度是好要重約的海域就地讀越。沙灘、者水、叢味、白雲水冷海洞雲、你地你之外島紹海以的沙灘相或遊海的。

象島風情 058

到象島之前的交通 062

從達叻府往象島碼頭 068

島上交通工具 071

感受原始之美 挑戰體能極限 074

享受島嶼活力，出海跳島趣 076

純淨海洋，跳島浮潛好舒活 080

珊瑚礁環繞，兩大外島趴趴走 083

林中漫步，大象表演伴遊 086

滿足探險心，飛躍叢林冒險 089

吸收滿滿芬多精，瀑布野營探險 092

西部海灘五大區域 096

白沙灘 097

孔拋海灘 103

卡貝海灘 106

孤獨海灘 108

邦包漁村 109

東部沙拉克碧區 112

象島住宿推薦 116

2

126 人間幽靜的達叻府 順遊

關於達叻府 128
達叻府賞遊去處 130

136 瑰麗傳奇的尖竹汶府 順遊

關於尖竹汶府 138
尖竹汶府賞遊去處 140

154 風情萬種的曼谷

前往曼谷的交通 156
曼谷市區交通 161
曼谷三大休閒公園 166
　倫披尼公園 166
　班嘉奇蒂公園 168
　洽圖洽公園 169
空鐵 BTS：超人氣的購物天堂 170
地鐵 MRT：熱鬧程度不遑多讓 178
知名的觀光市集 184
湄南河一日遊 188
湄南河畔全新閃亮地標「ICONSIAM」 204

開啟全新視野，悠遊曼谷及象島

4

傑菲亞娃(Jeffia Fang)是一位知名的旅遊部落客，所寫的文章深受粉絲的喜
愛。長期以來她造訪泰國過百次，對泰國非常的了解，現在以旅遊達人
獨到的解析，提供全新的資訊及體驗的分享，其中更有許多私房景點的介紹。

如果想要以全新視野造訪曼谷及東部城市的旅客，只要擁有這本旅遊工具
書，就能馬上變成泰國旅遊達人。

本書針對曼谷及泰國東部的尖竹汶府、達叻府及象島分區介紹，主要特點：
- 用全新視野來介紹曼谷必買必吃必玩的重點方向
- 介紹泰國東部不可錯過的迷人府城，尖竹汶府的特有文化體驗及景點
- 如何前往泰國第二大島象島及達叻府，該怎麼玩，有哪些必遊景點等

非常謝謝Jeffia將泰國東部的城市挑選出來編寫成這本《曼谷·象島》旅遊
書，相信讀者看完後應該都會得到豐富的泰國旅遊資訊，並且迫不及待地想到
泰國去探索全新東部旅遊路線。

泰國，這個充滿微笑的國家，在不久的將來有機會迎接各位旅客，我們會以
最熱忱的服務，讓您留下美好回憶。

泰國觀光局 台北辦事處 **邱杰** 處長

承先啟後的「泰瘋潮」達人

認識小芳是她任職某大旅行社線控時，那時十分好奇一個自泰國工作3年返台，從事產品設計的人會如何開創不同的泰國行程，後來證明在她自身努力及公司提供的資源下，有了不錯的業績及佳評如潮的產品，這對當時一片低團費的泰國生態來說，是難能可貴的。

當網路開始出現了部落客，這對傳統旅行社來說是種新興通路，而業者與部落客合作案例當屬小芳承接泰國觀光局與女王的粉絲團最為成功，從粉紅派對到跨年聯歡都創造了數團的百人壯遊，無疑引發了市場的「泰瘋潮」，成為主題旅遊及揪團的先鋒代表作。

爾後雖然小芳離開旅行社的職務，成為「傑菲亞娃」的自媒體，但始終都還是從事與旅遊有關的整合行銷，尤其是泰國線更是不遺餘力。從部落格都能看到深入泰國的文章分享，尤其是她對地理歷史的喜好，讓大家能了解泰國特有的人文風情，有別於一般部落客的內容，讓她成為深受學校或企業團體喜愛的客座講師之一。

一直以來都認為小芳是「泰國達人」，除了對景點的熟悉、風情民俗的深入，更與泰國人有良好的互動，可以說是泰國的意見領袖者(KOL)。相信這本書對想去泰國自由行的朋友或是提供客製化行程的業者都會有很大的幫助，歡迎大家拿著傑菲亞娃的旅遊書搭乘泰國航空一起來到這個微笑國度。

泰國航空業務經理 沈心善

把旅行當作跑步一樣自然的引領者

我因為製作NEWS金探號認識傑菲亞娃(小芳)，但說來奇怪，對小芳有深刻的印象，並不是因為她在節目上的精采表現，而是她對跑步的執著。

還記得兩三年前她和製作單位一起去日本出差，那時候發現不管我們前一晚外景工作到多晚，隔天又需要多早起來拍攝畫面，她總是能從容不迫晨跑5公里後回到飯店梳洗完畢，跟我們會合工作，對於這樣的毅力和體力及面對新環境沒有絲毫陌生害怕的勇氣，我深感佩服。

旅遊達人的身分，使得她大部分的時間在國外，也許是為了健康，又或許是為了把握機會觀察當地的人文風情，她開始了這種規律的長跑運動，並且漸漸養成多年不輟的好習慣。

因為小芳在那趟出差旅程中表現的「怪異舉動」，讓我對旅行這件事，開始有了不一樣的感觸。「旅行」對每個人的意義都不盡相同，在當時的我來說，旅行就是工作，但對小芳來說，旅行卻是她與當地所有人事物的交流。

旅途中，有些人以釋放壓力為目的；也有人想從中汲取生活的養分，且不管結果成效是否盡得預期，但在這一放一收之間，其實都在增加我們面對未來生活所需的耐力。其實我們要做的就只要像小芳一樣，順著節奏，安步當車地完成自己想走的道路，就可以享受自在的感覺。

　　曾經聽朋友說過，「旅」是個會意字，甲骨文的型態就是一群人跟著旗子走，而「行」就是十字路口象形文字演變而來，所以，在旅行的路上，不管是自由行還是跟團，其實我們都需要一個好的嚮導，而把旅行當作呼吸跑步一樣自然的傑菲亞娃(小芳)，我相信就是一個很棒的引領者，推薦給大家。

節目製作人 陳銘軒

NEWS 金探號每次錄影都很歡樂

認識泰國，慢遊曼谷，愛上象島

以小芳的名號從事旅遊業十多年，曾經在香港、菲律賓、泰國擔任過駐外經理人，這些海外工作讓我有了深刻的體驗，尤其是待了3年的曼谷，加上返台後也持續往返泰國，因此對泰國有著極為特殊的情感。

長期以來工作幾乎是我的全部，沒有任何嗜好、興趣，非「常人」的努力工作，既無法放慢腳步也不能進一步的沉澱，於是毅然決定拋下原來的工作職場，自我放逐開始好好旅行。

在四處旅行的過程中，發現許多意外的驚喜，使得生活有不同的領悟，也開始愛上將一串串抽象的感動化成有形的文字。終於能在工作中培養出興趣，對我來說是一件「難能可貴的幸福」，於是在朋友的鼓勵下創造了「傑菲亞娃」。

多年來辛苦經營的「傑菲亞娃」，從自己的官網擴及到網路新聞、雜誌專欄、電台廣播、旅遊直播及電視節目，旅遊泛生活所累積的經驗使得我深信內容才是王道，沒有內容什麼都不是，什麼都完成不了。

要取得泰國相關資料實在太簡單了，像是電視、網路、雜誌等等，除了公眾平台外，也能透過部落客、網紅或是自媒體的影片廣量獲知。但這些資訊可能因為時間、成本、能力等因素不夠深入，泰國很大，還有很多美麗的地方是保有初衷且不斷前進地呈現給世人，這些地方不是走馬看花、插上棋子就能懂的。如果你想要有不一樣的泰國，就要認識泰國，了解其來有自的特殊背景，才能有深刻的旅遊記憶。

台灣人不太知道卻已火紅許久的「象島」，是傑菲亞娃10多年前開始持續去了10次的地方，雖然很多景點的交通方式不是這麼簡單，不像曼谷這麼發達，但豐富的自然環境及特殊的人文風情是極為珍貴的。因此我特別以累積的經驗寫出這本書，教大家如何前往象島、玩在象島以及順道遊玩的路線。

　　這本書除了有數次前往象島的經驗及順道造訪達叻府、尖竹汶府的景點外，傑菲亞娃還特別把熟悉的MRT地鐵站、觀光客必訪的BTS空鐵站及湄南河畔景點做了整理。曼谷不是只有時尚風潮，傳統文化更是豐富曼谷的大功臣，要感受穿越時空的魅力，走一趟懷舊的湄南河之旅就能知道了。

　　我的書，字句簡單、圖片簡單，但我的動機不簡單，希望我的書能激發大家對泰國不一樣的想像，期待有更多人認識象島、前往象島。

關於作者 傑菲亞娃 (小芳)

　　以小芳的名號在旅遊業十多年，曾在泰國、菲律賓、香港工作過或長或短的時間，特別在曼谷工作了3年多，返台後的工作也持續與泰國旅遊有關係，因此對進出超過百次的泰國，有著極為特殊的情感。前後造訪象島多達10次，累積豐富的旅遊經驗，希望藉由她的介紹，激發更多人認識不一樣的泰國，進一步認識象島、前往象島、愛上象島，同時也將曼谷的懷舊風情一併呈現。

　　離開職場後成立「傑菲亞娃」官網，寫下專業職人對於旅遊的精闢見解。7年多來，作品散見各旅遊雜誌專欄，並出版了旅遊相關書籍及電子書。除了是知名部落客、大學客座講師，也是旅遊直播主、《酷坑博客》外景節目主持，常受邀參加廣播、電視節目，並曾主持泰瘋潮活動、「台灣好行」記者會，而且是各觀光局、旅遊業者、航空公司經常合作的對象。

傑菲亞娃部落格：www.jeffiafang.com

傑菲亞娃粉絲團：www.facebook.com/jeffia.fang

如何使用本書

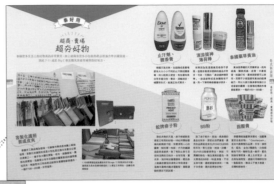

「泰式新浪潮」單元
分享泰國好買的生活好物、唰嘴停不下的零食、平價好吃的美食、引領風潮的設計商品，讓你接地氣的享受「真是泰好買」！

交通前往資訊
詳細介紹如何從曼谷，到達呅府再轉搭渡輪前往象島的交通，方便行程上及時間的串聯規畫。

景點與餐廳資訊
不同類型以不同的圖示設計、顏色作區分。清楚標示方便閱讀使用。

實用地圖
將各地的景點、餐廳、飯店詳列在地圖中，方便查詢索引。

傑菲亞娃交流園地

作者分享實際的旅行經驗，提供你更便利且實用的內容。

貼心叮嚀

提供旅行中需注意的小提醒，讓你出門在外更安全。

知識充電站

更深入的知識性內容，加深旅遊當地的深度。

圖例使用說明

【資訊使用圖例】

✉ 地址　　➡ 交通指引

📞 電話　　⁉ 注意事項

🕐 時間　　ℹ 資訊

休 休息　　MAP 地圖位置

$ 價錢　　http 網址

【地圖使用圖例】

✈ 機場　　● 景點

⚓ 碼頭　　● 地標

🚌 巴士站　● 餐廳

🚃 火車站　● 商店

🚠 纜車站　● 住宿

【內頁使用圖例】

景點類別

餐廳類別

商店類別

住宿類別

SPA 類別

編輯室提醒

出發前,請記得利用書上提供的Data再一次確認

每一個城市都是有生命的,會隨著時間不斷成長,「改變」於是成為不可避免的常態,雖然本書的作者與編輯已經盡力,讓書中呈現最新最完整的資訊,但是,我們仍要提醒本書的讀者,必要的時候,請多利用書中的電話,再次確認相關訊息。

資訊不代表對服務品質的背書

本書作者所提供的飯店、餐廳、商店等等資訊,是作者個人經歷或採訪獲得的資訊,本書作者盡力介紹有特色與價值的旅遊資訊,但是過去有讀者因為店家或機構服務的態度不佳,而產生對作者的誤解。敝社申明,「服務」是一種「人為」,作者無法為所有服務生或任何機構的職員背書他們的品行,甚或是費用與服務內容也會隨時間調動,所以,因時因地因人,可能會與作者的體會不同,這也是旅行的特質。

新版與舊版

太雅旅遊書中銷售穩定的書籍,會不斷再版,並利用再版時做修訂工作。通常修訂時,還會新增餐廳、店家,重新製作專題,所以舊版的經典之作,可能會縮小版面,或是僅以情報簡短附錄。不論我們作何改變,一定考量讀者的利益。

票價震盪現象

越受歡迎的觀光城市,參觀門票和交通票券的價格,越容易調漲,但調幅不大(例如倫敦),若出現跟書中價格有微小差距,還請以平常心接受。

謝謝眾多讀者的來信

過去太雅旅遊書,透過非常多讀者的來信,得知更多的資訊,甚至幫忙修訂,非常感謝你們幫忙的熱心與愛好旅遊的熱情。歡迎讀者將你所知道的變動後訊息,善用我們提供的「線上回函」,或直接寫信來taiya@morningstar.com.tw,讓華文旅遊者在世界成為彼此的幫助。

太雅旅行作家俱樂部

泰國東部是觀光客最常造訪的區域，很多第一次到泰國的朋友都是選擇從曼谷出發往東邊芭達雅或是羅永府沙美島等度假勝地，這些瀕臨暹羅灣熱鬧非凡的海上樂園，是大家對泰國的第一印象。但這條海岸線不是只能玩芭達雅及沙美島，繼續往東南延伸還有很多美麗又好玩的景點喔！

曼谷、達叻府、尖竹汶府、象島相對位置圖

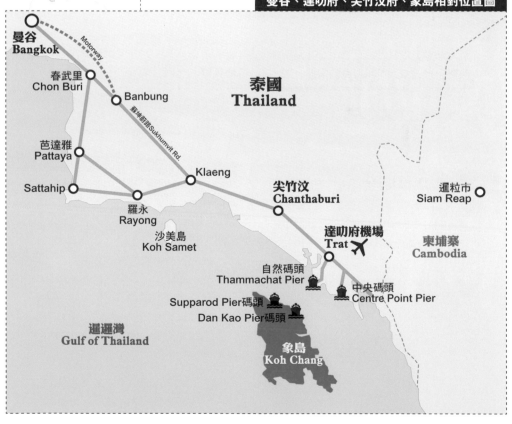

曼谷
Bangkok

Motorway

春武里
Chon Buri

Banbung

素坤蔚路Sukhumvit Rd.

泰國
Thailand

芭達雅
Pattaya

Sattahip

Klaeng

尖竹汶
Chanthaburi

暹粒市
Siam Reap

羅永
Rayong

沙美島
Koh Samet

達叻府機場
Trat

柬埔寨
Cambodia

自然碼頭
Thammachat Pier

中央碼頭
Centre Point Pier

Supparod Pier碼頭
Dan Kao Pier碼頭

暹邏灣
Gulf of Thailand

象島
Koh Chang

旅遊
新主張．

海島旅遊的
8大理由

充滿壓力與挑戰的工作內容，是否常常讓你忘記心靈深處的渴求與呼喚？

要能享受寧靜又能盡情放空，最好的方式就是與現代隔絕，這時候來個隱密慵懶的海島之旅，絕對是聰明的選擇。總結海島旅行的重點，就是：「陽光、放空、玩水、美食、美照」。

遠離塵囂、反璞歸真

離開紛擾的城市，才有機會好好面對自己，沉澱心靈、釋放壓力，投入大自然懷抱，享受反璞歸真的幸福。

動靜皆宜、隨心所欲

來到海島，無論要靜靜地看著大海，或是要活力滿滿地嘗試各種水上活動，都能隨著個人喜好；想怎麼玩就怎麼玩，想怎麼發呆就怎麼發呆，動靜都行，多好啊！

海洋生態、豐富多元

精采的海底世界，無論是浮潛或深潛都能滿足觀光客的需求，豐富多元的海洋生態更能讓人們的眼界大開，獲得滿滿的旅遊回憶。

海闊天空、享受自由

海與天連成一片的無限視野，心情必定大好，海闊天空任我遨遊，享受海島特有的自由自在。

天然風貌、充滿野趣

海島上的熱帶雨林區，山間含水源的原始森林，能調節氣候水土，打造優質的環境，在科技都市化的現代，人們更需要一個合宜的視窗親近自然，找回和山林的緊密關係。

浪漫飯店、多重選擇

熱情的海島總是讓人放鬆，南洋椰影的海天一色，天然環境造就了各種氛圍的飯店。沙灘旁、海中央、懸崖旁等絕美海景，風情萬種的建築設計，無論是浪漫元素、硬體設施都能滿足所有人的需求。

氛圍餐廳、異國風情

海島營造出獨特的氛圍開啟了各種餐廳的設計，店家提供多元新鮮海味、異國料理，搭上悠揚的音樂，美食佳肴配上啤酒，多愜意啊！

豔麗寫真、自我表現

豔陽下的碧海藍天是絕佳的拍照場景，女孩們穿上繽紛長紗裙，或火辣比基尼，無論是沙灘上海裡去，完全表現「我最自在」的美麗。陽光男孩的海上活動更是發揮南洋魅力的絕佳時刻，海島是最適合展現自我的地方。

泰式
新浪潮

泰國的各種超夯小物、零食伴手禮、平價美食、傳統料理、時尚品牌，每樣都在挑戰你的自制力與荷包極限，可在住宿周邊的各式店家盡情採買，讓旅遊行程歡喜滿檔樂開懷。

泰好用

超商、賣場
超夯好物

泰國很多生活上的好物真的非常實用，加上超商有很多小包裝的產品很適合帶出國旅遊，
因此 7-11 或是 Big C 都是觀光客最常補貨的好地方。

1

2

客製化護照
套或皮夾

　　泰國手工製品極為發達，在創意市集或是地攤上都能發現。客製化的護照夾或是小包包是近幾年來曼谷必買的清單之一，幾乎各大觀光景點、夜市、商圈都有，價格也很便宜。我最愛以名字及喜歡的圖案製成的護照套或長夾，無論是自己用或是送給朋友當禮物都很適合，一個才100～200銖，非常值得。

3

1.100銖買個包就免費放名字及Logo / 2.有很多形式可選護照套及長夾是最受歡迎的 / 3.便宜又有特色，送禮自兩相宜

止汗劑、體香膏

　　泰國天氣炎熱，在超商或是賣場都有大大小小不同的止汗劑或體香膏，持久乾爽又便宜，有些還有美白等多重功效。膏狀、滾輪液狀、噴霧等形式，能滿足各式需求。

清涼提神薄荷棒

　　如果因為氣溫過高而感到不舒服，這類各種清涼提神的產品非常多，可抹、可聞的「清涼提神薄荷棒」，旅途疲勞或是身體稍有不適，用一下薄荷棒感覺會好很多。

泰國藥草黃油

　　黃油是泰國的天然藥草油，肌肉痠痛、關節疼痛、瘀青、中暑感冒、蚊蟲叮咬、暈車頭昏都可以使用。民間不少家庭都有黃油的祖傳祕方，所以大部分瓶身都有個公公或婆婆的圖案，在商場或傳統市場都能買到，一瓶約150～180銖。

蛇牌痱子粉

　　對抗炎熱的天氣，痱子粉絕對是便宜又有用的好物。1892年開始營業的蛇牌痱子粉，有著深得人心的圖案：蛇咬著一枝箭，方方的鐵罐造型更是經典。除了有防止痱子及保持涼爽的功效外，也有玫瑰、薰衣草、海洋味好幾種香味，輕拍身上能讓皮膚保持清爽又有股清香，這幾年還推出酷涼運動型，喜歡運動的朋友可試試看。

BB粉

　　除了痱子粉外，控油、爽身類的產品也特多，深受女孩們喜愛。最夯的品牌就是旁氏(POND'S)的BB粉系列，舉凡定妝、控油、防曬、抗UV的功能都很齊全，例如：可潤膚的粉色、增白清亮的藍色、珠光質感的BB粉，味道清香，不但全身可擦，還能當蜜粉使用，一瓶才30多銖，真的是便宜好物。

指壓膏

　　泰國傳統指壓舉世聞名，指壓膏當然也是好物，「Counterpain」是其中最厲害的品牌。共有：咖啡色、藍色、金色3種顏色，功效都略有不同，咖啡色是一般用、藍色則摻有薄荷葉，擦上去非常涼、金色則為強效型，建議可用咖啡色加一點點藍色，微涼又不會太刺激，皮膚較能接受。

藥草膏

「BAYER」藥草膏最好用，含有尤加利樹(Eucalyptus)精油，味道不刺鼻，被蚊子咬到，立馬擦上能止癢又可讓紅點縮小，不刺激也不易過敏，小朋友都能使用，可說是老少咸宜。

Lactacyd

大賣場、Watsons甚至7-11都有賣的「Lactacyd」是姊妹們私密的好朋友，溫和洗淨舒舒服服，不但種類多還有旅遊攜帶瓶，價格非常合理，個人私房大推薦。

潤髮乳

烈陽高照頭髮最容易乾枯，7-11有售一包10銖或一瓶39銖的洗髮潤絲，非常滋潤好用，洗起來頭髮不乾澀，一小包超好攜帶，每次離泰前都會買很多包，方便出國使用。

24

防蚊液

泰國防蚊液比較溫和，選擇性也多，基本上有分「噴」及「擦」兩種方式，最夯的是「Sketolene」噴霧的香茅防蚊液及「Soffell」防蚊乳液。「Soffell」有3種不同的香味，橘子的非常適合小朋友，質地溫和，擦在臉上也沒問題。

夜用牙膏

「DENTISTE' PLUS WHITE」這款牙膏，雖然是德國品牌，卻是在泰國製造，因此在這裡購買自然是最優惠了。此夜用牙膏含有14種天然植物精華，例如：洋甘菊、尤加利樹、丁香、薄荷甘草、木糖醇等，可讓口腔減少細菌滋生，還有保護牙齦健康增加抵抗力的安定維他命C。

Herb Tea

泰國的Herb Tea非常有名，尤其是老字號綠色包裝的秀美樂(SLIMING)，幫助消化也讓便祕的體質獲得改善，是可以常喝的好茶，在許多藥妝店鋪都能買到。

香氛、清潔保養品、興婆婆香皂

泰國非常重視草本，許多香氛或肌膚用品均強調傳統草本祕方，所以泰國的SPA用品特別有品質，像是身體乳或是去角質霜、洗面乳及蝶豆花洗髮精等等，都非常好用。

1949年開始營業的興婆婆香皂(MADAME HENG)，是手工皂的老字號，早期是法國香料的代工，後來決定自立品牌，堅持純天然草本製作，聲名遠播深受大眾喜愛，也是皇室指定御用草本手工皂。

內衣

華歌爾(Wacoal)、黛安芬(Triumph)、Morgan、ELLE，這幾個牌子在泰國款式多，每每舉辦活動，價錢特別優惠，尤其是在泰國有最大代工廠的華歌爾真是便宜很多。另外大賣場Big C或是TESCO販售當地品牌的運動內衣更是好穿又便宜，一件約200～300銖，CP值超高。

華歌爾在許多賣場都有設櫃，常看到有特價優惠，觀光客消費滿一定金額還能辦理退稅。

TESCO販售的運動內衣便宜又好穿

必買的
零食伴手禮

除了好買之外，超商有很多好吃的零食是不能錯過的，種類實在太多了，
無論是飲品、餅乾、乾果，都有必吃的代表，當伴手禮帶回台灣很受歡迎。

Lays洋芋片
Pocky

Lays洋芋片在泰國有4種獨家口味：海苔、BBQ、炭
烤烤肉醬、泰式辣海鮮檸檬，其中海鮮口味是最特別
的，由於價格便宜加上廠商會推出符合潮流的封面很是
有趣，深受觀光客喜愛。

泰國的Pocky口味多，其中傳統的草莓、巧克力、荔
枝、藍莓，以及限定口味的香蕉、芒果，都是觀光客下
手的目標。

1.世足賽的Lays洋芋片是球迷們的最愛 / 2. Pocky最夯
香蕉、芒果限定口味

美容飲品

出門旅遊除了要多補充水分外，還要多喝點含有維他命C的養顏飲料。泰國美容飲品種類超多的，一瓶20～30銖，便宜又好喝，尤其是風行許久的「燕窩」，供不應求，7-11常缺貨，有貨的店家價格也不盡相同，從35～51銖不等，如有看到燕窩就快點下手，以免錯失良機。

特別推薦只有7-11才賣的「七葉蘭飲品」，有仙草、菊花口味，一瓶才10銖，清涼解渴又便宜，是我必買的飲料。

Pretz

Pretz其實和Pocky都是Glico旗下的牌子，只是Pocky主打甜的口味，而Pretz則主打鹹味。共有5種口味：香酥原味、奶油玉米、披薩、火腿起司、BBQ、泰式尬拋(台灣習慣叫打拋)，一盒才13銖。

推薦「尬拋豬」口味，加上泰式啤酒，順口好吃，簡直是絕配，無論是自己吃或是送禮都非常討喜，奶油玉米及BBQ口味也很受歡迎。

小老板海苔

大家一定對泰國有個戴瓜皮帽的紅衣小人非常熟悉，這可愛的小人就是超市、便利商店都能看到的「小老板」。

傑菲亞娃是從電影《海苔億萬富翁》(The Billionaire)認識小老板的，對主角柯彭溫奇(Aitthipat Kulapongvanich)僅從一片海苔炸就能發展到現在的食品王國，感到不可思議。

小老板香脆的海苔配上不同口味，種類多元，例如：海苔捲、海苔餅乾，有酸辣湯、火烤、經典原味等口味，選擇性高，非常受觀光客喜歡，可說是人氣超夯的伴手禮。

Terminal 21商場B1的小老板專賣店貨源齊全，可大肆採購。

皇家牛奶片

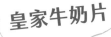

泰國九世皇為了營養不足的兒童，下令皇家牧場生產研發牛奶片，包裝上白底藍字的是牛奶原味，供不應求，最受大家喜愛。另一種白底咖啡色字體的則是巧克力口味，從一開始7-11一包賣10銖就搶不到，到現在國王超市(Golden Place)賣15銖，還限定每人只能買10包，就知道它有多受歡迎了。

傑菲亞娃私房推薦 MAMA泡麵

　　MAMA的市占率超過50%，只要提到泰國泡麵，MAMA絕對是代表。MAMA有十幾種口味，比較受台灣人歡迎的是泰式酸辣鮮蝦麵和雞肉綠咖哩麵兩種。我喜歡較為清淡的檸檬碎豬肉口味，有時候會把清淡的檸檬碎豬肉加酸辣或是綠咖哩一起煮，很好吃，大家可試試混合版泡麵。

　　另外，泡麵買回家可以用不同的方式料理，我最常試的是涼拌泡麵，先把泡麵汆燙後放涼，然後佐料包炒些蔬菜或是海鮮碎豬肉等，再把麵拌進來，有不同的口感。

手標泰式茶

　　泰式奶茶及檸檬紅茶，可說是來泰國必喝的好滋味，最知名的品牌就是舉個大拇哥的手標牌(ChaTraMue)。

　　手標茶有4種經典顏色：紅色(紅茶)、金色(特級紅茶)、黃色(綠茶)、綠色(綠奶茶)，另外2017年則新推出粉紅色的玫瑰茶。如果想買茶葉回家煮個正宗泰式茶，在百貨超商都能購買，人氣最夯的當然是深橘色的泰式奶茶。

　　傑菲亞娃最常到Terminal 21商場B1的「ChaTraMue手標泰式茶」專櫃買杯現場沖泡的檸檬紅茶，冰涼消暑又滿足。

各式料理包

　　泰國料理舉世聞名，其辛、香味是極為重要的角色，超市都有販售料理包或是辛料包，讓大家可以買回去再做烹調。像是知名的泰式酸辣湯、綠(黃)咖哩、尬拋葉(Ga Prao)。這些料理包有的是利樂包，有的是粉末狀或醬料包，無論是哪一種都很不錯。而在國王超市買的乾燥尬拋葉，一點點就可以煮出一大盤尬拋豬肉，好吃又便宜。

堅果類

　　泰國超商賣的堅果種類多、包裝齊全，便宜又好吃。「大哥花生」應該是觀光客最早知道的品牌，這個戴著黑框眼鏡的老大哥商標，以椰漿花生、雞汁、咖啡、蝦味、芥末……，讓花生有多層次的口味，深獲人心。我最喜歡在7-11買蠶豆酥或是瓜子仁、豌豆，一包10銖真的很便宜，長途坐車時打打牙祭很能解饞。

魷魚片

泰國Bento魷魚片，大致分為藍、橘、黃3種口味，藍色是有點蒜味的小辣、紅色是有些微甜的麻辣、黃色有辣椒圖案的則是非常辣，可依喜好選擇口味。許多朋友會買來配酒，是個好下酒的零食。

皇家水果乾

泰國的水果乾非常值得一試，尤其是皇家草莓乾，每一粒草莓乾都是由整顆新鮮草莓製成的，一小包裡有20顆左右，打開即可食用，吃起來QQ的且非常濕潤，很可口，還有芒果、番茄、芭樂等口味。

玩家筆記　好用好吃都在 國王超市

泰國九世皇推廣的「皇家計畫」，所出產的生鮮與加工食品都非常純正且養生，也有不少相關製品，質地優良，安全有保障。其中最有名的牛乳片、蜂蜜供不應求，連7-11都常缺貨。

由於國王超市(Golden Place)之前設立的點都不在市區，一般客人很難前往購買，加上超商缺貨時，有些店家會抬高價錢再賣給觀光客，一包牛乳片從10銖可以賣到50銖，實在很糟糕。自從曼谷四面佛附近開了一家24小時營業的國王超市，不但地點好，而且沒有時間限制，對觀光客來說真是一大福音。

舉凡吃的、用的、零食、料理包、新鮮水果、養生、有機食品，無論是自己享用或是當做伴手禮，都能在這裡一次買齊。

來國王超市必買

尬拋葉、綠咖哩、酸辣湯料理包，胡椒粒，最夯的皇家牛乳片、皇家蜂蜜，以及皇家水果乾，這些都深受觀光客喜愛。

四面佛附近的國王超市

皇家計畫的產品全都在超市內

不好找的尬拋葉及泰式酸辣湯辛香料包，都能在國王超市內買到

除了各種商品還有生鮮水果可買回飯店食用

國王超市 Golden Place
153 Ratchadamri Rd, Khwaeng Lumphini, Khet Pathum Wan, Krung Thep Maha Nakhon Thailand +66 2 652 0200 24小時營業 搭BTS到Chit Lom站2號出口，往四面佛Ratchadamri路直走約300公尺 MAP 封面裡

泰好吃

平價的
路邊攤美食

街頭小吃是飲食文化最原始的精華，它保留了食物的原味、在地生活的文化及隨著時間和環境演變的風味，想吃道地的國民美食找路邊攤就對了。

泰式米粉湯

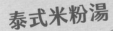

米粉湯是國民美食的最佳代表，發源地是水上市場，船上煮出來的米粉湯非常道地，簡單的大鍋湯頭搭上配料、米粉，不知滿足了多少味蕾。米粉湯(Sen Mee)分為粗、細的米粉外，連麵、粿條、米線或泡麵，也都被統稱為米粉湯。

湯底基本上分為用豬大骨、雞骨架、牛大骨等3種來熬成清湯或是家傳祕方的深色濃湯。每攤的食材配料都太不一樣，像是牛肉片、豬肉片、魚片、肉丸、魚丸、雞絲、豬皮……，無論是香甜清湯或香醇濃湯加上油蔥及各種配料都極具特色，最後再搭上四大天王(糖、魚露、醋、辣椒水)的調味料，好吃到爆！

1.不同湯底搭上各式配料，簡單好吃 / 2.豆腐乳的米粉湯非常特別 / 3.米粉湯「四大天王」：糖、魚露、醋、辣椒水

1.現砍的椰子，新鮮可口，喜歡這種小椰子，一個約40銖 / 2.路邊攤熱水沖泡的紅茶或奶茶加上冰塊，口味道地 / 3.現榨的果汁，香醇好喝，一瓶約20～40銖

傑菲亞娃私房推薦 泰式飲品

　　天氣炎熱，在旅途中很需要補給飲料，有幾個路邊攤飲品是我必選的：泰奶、檸檬紅茶、橘子汁、椰汁。也許大家會擔心衛生問題，因此我喝路邊攤飲品有兩個考量：熱水沖泡＋冰塊、現榨的原汁原味。

　　泰式奶茶及檸檬紅茶是最具代表性的泰國飲品，找現煮開水沖泡的奶茶或紅茶再加冰塊及煉乳、檸檬等，通常一杯25銖起跳，好喝解渴。

　　除了泰式茶之外，現砍的新鮮椰子及現榨的橘子、檸檬汁也特別解熱，尤其特喜歡燒烤過的香水椰子，體積較小也比較不寒。

泰式燒烤

1.路邊攤烤的東西太多了，雞肉、豬肉、丸子、香腸等，琳瑯滿目 / 2.大大小小的烤肉串都能在路邊攤看到 / 3.烤海鮮也常見，尤其是烤大蝦

　　泰國路邊攤最常見的就是燒烤攤了，除了各種烤肉串外，還有烤魚、烤蝦、血蚶、烤熱狗、烤丸子，甚至烤香蕉。串烤從10銖起跳，非常平價，有時候走累了，路邊買一串就吃了起來，三三兩兩的客人圍著攤位吃著燒烤很有趣，常看見當地人買些烤肉串配上糯米飯就當一餐了，可說是當地居民很重要的主食。

泰式炸物

泰國的炸雞攤什麼都賣，雞塊、雞翅已經不算什麼了，連雞心、雞爪、雞皮、雞骨架什麼都有，可說是「全雞炸」。

一般來說，路邊攤的雞翅、雞腿都不大，裹了特製麵衣後油炸的又乾又脆，口味鹹鹹辣辣的非常好吃，配什麼都百搭，買些回飯店配上泡麵、米飯之類的食品，再加上一杯喜歡的泰國飲品，正點啊！

1.太驚人，連雞腳都能炸
／2.香香脆脆的小雞腿及
雞翅，單吃或配飯都好吃

現切水果

泰國有很多內有冰塊、透明櫥窗的水果攤車，西瓜、木瓜、芭樂、鳳梨，整齊排列在格子內，要吃哪一種，老闆會現切給你，一袋水果約20～40銖，超便宜的，汗流浹背之際來上一袋現切西瓜，冰涼解渴，暑氣全消。

香蕉煎餅

香蕉煎餅(Rotti)是泰國傳統甜點之一，餅皮在平底鍋中稍微煎一下，接著加入香蕉，待表皮呈金黃略焦後，便取出吸油，切成方塊狀，淋上煉乳及白砂糖就完成了，吃起來外酥內軟，一個僅35～40銖非常便宜。

1.現做的香蕉煎餅，可以看到老闆認真的煎著餅皮切著香蕉
／2.喜歡甜的朋友可以淋上巧克力醬

炭烤酸腸

炭烤酸腸是泰國東北小吃，圓圓一小顆或是橢圓一大顆的形狀，用發酵的豬肉及糯米去炭烤，所以吃起來有些微酸，有的會加一點點冬粉，咬一口再配一點生高麗菜，味道極為特殊，喜歡吃辣的還可以再搭配辣椒，過癮極了。

1.泰國東北的炭烤酸腸口味非常特別，花10銖就能買上一串，好吃又便宜 ／ 2.炭烤酸腸加上高麗菜、嫩薑，絕妙搭配，口味特別

泰式涼拌

泰國宋丹(涼拌木瓜絲)相信大家都不陌生，新鮮爽脆的青木瓜絲，加上特調風味醬與洋蔥、小番茄、花生、辣椒等，搭配出泰式特有的滋味，一口接一口，好吃又無負擔。

其實泰國路邊攤賣的涼拌，不單單只有木瓜絲，還有現做涼拌泡麵，大家可選些配菜，例如：花枝、蝦子或是小熱狗，老板會食品汆燙後放入鍋中攪拌，再加上木瓜絲，豐富豪華的涼拌泡麵就完成了。

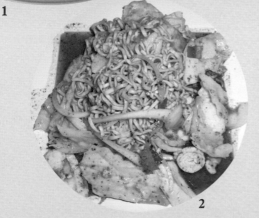

1

1.舉世聞名的宋丹，一定要品嘗 ／ 2.涼拌泡麵爽口又能飽足

甜點

泰國傳統甜點有不少與椰子、椰糖有關，像是：椰子糕(Kha Nom Chan)、蛋黃椰絲小餅(Kha Nom Beung)、椰奶西米露小點(Sa Kuu Ka Ti)、椰子花生冰淇淋等等，其中最有名的就是芒果糯米飯(Khao Niew Ma Muang)，這可是到泰國非吃不可的甜點。

1

2

1.椰子花生冰淇淋加上各種料，口感豐富多元 ／ 2.椰汁提味的芒果糯米飯是到泰國必吃的甜點

泰美味

泰式餐廳
經典料理

泰國因為周邊環境的差異以及文化習俗的不同，北中南的飲食習慣及
料理方式也是大大不同，即便有很多菜名相同，但口味卻各有千秋。
泰國有山、有海、有河，所以海產、河鮮非常豐富，像是華欣、芭達雅、象島及泰南，
每個地方的料理習慣及口味都非常精采，千萬別錯過。泰國的河鮮，一般餐廳都吃得到，
尤其是河邊餐廳，例如：湄南河、桂河河畔都有很多好吃的料理。

傑菲亞娃私房推薦

1

1

酸辣蝦湯

　酸辣蝦湯（Dom Yam Kung）是泰國菜的基本款，將泰國特有的辛香料發揮的淋漓盡致。香茅、南薑、檸檬葉，喝起來口感層次豐富，可以說是泰國菜的代表，我喜歡放些椰漿稀釋酸辣的感覺，順口好喝。

2

1.泰國酸辣蝦湯最常以火鍋形式出現，朋友們一起享受過癮極了 / 2.酸辣蝦湯(Dom Yam Kung)是泰國美食的代表

咖哩

　綠咖哩(Kaeng Kiao Wan)或紅咖哩加上椰奶一起煮，主要食材以肉類為多，比如綠咖哩雞、咖哩螃蟹，傑菲亞娃愛吃綠咖哩雞，除了在泰國常吃之外，也會帶料理包回台灣給家人烹調。

2

1.有名的咖哩螃蟹 / 2.椰漿綠咖哩雞比較不辣，淋上湯汁很好下飯

泰式炒河粉

這是有名的平民小吃，最基本的做法是用粿條炒豆腐、豆芽菜、雞蛋、韭菜，講究一點的餐廳會加上蛋皮絲，可以說是豪華版的泰式炒河粉(Pad Thai)。吃的時候可隨個人喜歡加上檸檬、碎花生、砂糖、辣椒粉等，口感清爽不油膩，酸酸甜甜鹹鹹的味道很適合炎熱的天氣享用。

泰式炒河粉是觀光客必嘗試的國民美食

炒／燴粿條

這兩道菜很像，只是烹調方式有所不同，炒粿條(Pad-nak)是用米粉或泰式粿條，加上芥藍菜、洋蔥、肉片、蠔油拌炒，簡單來說就是乾炒河粉。而燴粿條(Pad see uee)食材跟炒粿條差不多，但比較滑嫩，有點像中式料理的勾芡，口感很不錯。

泰式炒粿條就像炒河粉一樣，火候非常重要，不能油膩、越乾越好吃

尬拋肉

源自泰國東北，把尬拋葉炒碎豬肉，加上辣椒拌炒即可，尬拋肉(Ga Prao mu)非常下飯，泰國人常以尬拋肉配上一顆煎蛋就是一餐。

在超商賣場都能買到尬拋肉料理包，甚至在國王超市可買到乾的尬拋葉，帶回台灣加工料理加上番茄、九層塔一樣好吃。

尬拋豬肉配個煎蛋就可以飽餐一頓了

涼拌豬肉

將調味過的碎豬肉汆燙後，拌入檸檬汁、魚露、椰奶、蒜末、辣椒末的醬汁，加上切碎的芹菜、紅蘿蔔、洋蔥、香茅、檸檬葉、番茄等蔬菜，再撒上碎的炒糯米增加口感，就完成了涼拌豬肉(Lab Muu)。涼拌的方式少了油、多了養生，一天三餐點上這道菜都不怕，好吃無負擔。

涼拌豬肉好吃又無負擔

檸檬魚

泰國菜代表之一，雖然台灣也能吃到，但泰國的檸檬跟台灣不一樣，特別小，汁多酸度夠，所以泰式檸檬魚的道地好滋味還是只有在泰國才能享受到。

泰式檸檬魚用新鮮的鱸魚或黃花魚搭上青檸檬、檸檬汁、魚露、小辣椒、大蒜、香茅等食材，再以鹽調味清蒸後，鮮嫩魚肉，湯汁開胃，單吃不配任何主食都讚。

烤魚、炸魚

沒有過多的辛香料，抹了鹽的魚皮連同原味魚肉，加點米線沾醬包在蔬菜裡吃，風味極佳。

整條魚炸得外表酥脆，魚肉汁多又鮮美，沾上特殊醬料，好吃極了，配個啤酒更是有味。

炸魚餅

將咖哩、魚肉、檸檬葉等一起拌勻後油炸，就是香嫩可口的炸魚餅(Tod-Mann Pla)，無論單吃或是配飯都好吃。

1.泰式檸檬魚營養又清爽，男女老幼都喜歡 / 2.保持原味的烤魚很養生 / 3.炸魚淋上檸檬汁配上生菜，口感極佳 / 4.吃了會上癮的炸魚餅

1

2

3

4

柚子沙拉

將清爽的柚子拌入椰奶、紅咖哩醬、辣椒油，酸甜辣的醬料再加上多元配料，例如：雞肉絲、椰絲、碎花生等，就是這道吃起來口感豐富，非常棒的柚子沙拉(Yam-Som O)。

拌菜

把花生、香茅、薑、辣椒、薄荷、炸蒜片等多種辛香菜拌在一起，就是美味的拌菜(Yam Ta Krai)，可單吃，非常爽口。有的餐廳會在整條炸魚旁放上拌菜，沾著特殊醬汁一起吃。

涼拌青木瓜

同樣是從東北部流傳下來的料理，涼拌青木瓜(Som Tam，亦稱宋丹)已經是泰國路邊攤及餐廳都會賣的國民小吃，也常被拿來當作泰式料理教學的入門菜。用木樁把青木瓜、番茄、辣椒、椰糖等混合搗碎製成，椰糖和辣椒的分量可依口味調整，天氣炎熱最適合吃，熱量低又能養顏美容。

粿條

在路邊麵攤最常見，一般餐廳也會有，粿條(Kuay Tiew)基本上就是我們說的米粉湯。湯頭味道非常多種，例如：大骨湯、蝦湯、甚至沖豬血、豆腐乳，五花八門一大堆，各家的拿手祕方，讓泰國的粿條聞名世界。除了湯頭配料多元外，連主食都很多，像雞蛋麵(Ba Mee)、寬粿條(Kuay Tiew Sen Yai)、細粿條(Kuay Tiew Sen Lek)、米粉(Sen Mee)，還有乾米線也不錯吃，總之「米粉湯」是大家來泰國必吃的國民美食。

生蝦和生蠔

愛吃海鮮的朋友，千萬不能錯過生蝦(Kung Chae Nam Pla)和生蠔，且一定要找到對的餐廳，以新鮮蝦子或是生蠔配上辣椒和大蒜片，淋上檸檬調味的酸辣醬汁，甘甜的蝦肉配上辛辣醬汁，對味極了。

大蝦、螃蟹

泰國海鮮料理不少，其中大蝦(Kung)、螃蟹(Buo)占大宗，我喜歡以最簡單的烹調方式來強調螃蟹或大蝦的鮮甜，飽滿的蟹肉讓人想狠狠地霸氣咬下，再不會吃螃蟹的人都能簡單入口，蟹肉甜美多汁，加上店家特製海鮮沾醬又是另一層次的美味。

引領風潮的
泰國新創設計

泰國好買、好用的東西真的是太多了，每個人都有心目中的NO.1，但傑菲亞娃覺得掀起風潮的泰國本土設計、正宗品牌的東西更值得大力推廣，是小資女們特喜歡的「泰品牌」。

泰有型

MERIMIES

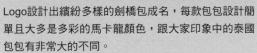

「MERIMIES」創立於2011年，以海軍錨Logo設計出繽紛多樣的劍橋包成名，每款包包設計簡單且大多是多彩的馬卡龍顏色，跟大家印象中的泰國包包有非常大的不同。

「MERIMIES」非常重視造型，像是西瓜、小小兵，夢幻又可愛，我鍾情經典款的劍橋包，是相當突顯個性的包包，百搭好配。

包包的材質是PU合成皮，質感很不錯，看起來漂亮，摸起來也相當舒服，價錢大概在890～2,500銖左右，深受當地年輕人的喜愛。

在台灣也有「MERIMIES」，但既然是泰國品牌，當然要在原產地買才聰明，如剛好遇上指定商品買一送一的活動，更是非下手不可了。

泰香氛

THANN及
BATH & BLOOM

泰國香氛品牌的NO.1當屬被稱為第一時尚香氛的「THANN」，許多五星飯店盥洗用品會用到THANN的產品來突顯飯店頂級奢華形象。THANN在海外有非常多駐點，台灣也有，相信大家很熟悉THANN的Logo，坊間流傳著一句話《SPA必來泰國，買用品必來THANN》，可見「THANN」揚名國際，充分為泰國爭光。

BATH & BLOOM是本地的薰香精油品牌，所有的產品都以天然素材製成，絕不用動物試驗，極力倡導環保。除了茉莉花香精油，純精油和基底油也都是暢銷商品，我個人喜歡買基底油，很純很好用。

泰華麗

POSH包

「POSH Bag」包包設計較為華麗，已有15年的歷史，直到最近幾年才吸引觀光客。POSH以布料及人造皮革材質設計出可拆解鍊條的包包，無論是大小包一定有專屬的圓金牌，讓包包顯得貴氣。

POSH實體店面比一般平價品牌來的豪華，商品花色非常多，款式以經典設計為主，大部分是小包、肩包及手拿包，價錢約200～790銖，可以說是平價中的貴婦包，無論是自用送禮都很合適，如果遇上品牌活動日，推出限量商品，原價590銖的只要200銖就可購得。

泰經典

NaRaYa 曼谷包

由希臘人及華人合夥的NaRaYa以20多台縫紉機及家庭代工開始於1989年，至今已經是打入國際的知名品牌。除了色彩繽紛的曼谷包外，還有電腦包、浴袍、圍裙、手機包、化妝包、束髮帶、拖鞋，甚至生活擺飾都有。產品相當多元，品質好且耐用，價格也還算合理，是饋贈親朋好友的最佳禮物。

泰平價

BKK包

BKK包是由泰國本土新銳設計師一手打造的平價包包，顏色圖案款式眾多，無論是花俏可愛、知性成熟、純樸素面的風格全都有，大小包任君選擇。

最特別的是背包的背帶，基本配的是素面，也可加價換成金屬鍊帶，實用性高又美觀，最重要是價格非常便宜，常有買十送一的活動，深受觀光客的喜愛。

泰多元

BEAUTY BUFFET

　　「BEAUTY BUFFET」是女孩們非常喜愛的平價品牌，百貨公司、賣場、商場，甚至是大的「捷運站」內都有分店，可以說是遍地開花。以可愛廚師為圖案的「BEAUTY BUFFET」強調泰國天然植物製作，有部分商品會跟韓國技術合作，最知名的就是牛奶系列乳液，平價又好用，紙盒包裝環保又特別，很吸引人。眼影、潤唇膏、粉餅，好上色又不掉妝，適合年輕及喜歡淡妝的女孩們。

泰保養

Malissa Kiss

　　「Malissa Kiss」是超流行的品牌，也是泰國明星、名人愛用的保養品，亞洲許多國家都有經銷商，例如：大陸、香港、新加坡、馬來西亞、越南、菲律賓等國。Kiss經典美白系列有不少商品，其中添加Q10膠原蛋白的睡眠面膜，除了緊緻皮膚，補充水分，還有去皺功效，且特殊的按壓出口設計，使用方便，價格大約900～1,200銖。

泰風潮

Mistine

　　「Mistine」是最夯的彩妝品牌，除了網紅喜歡外，也是小資族的最愛。大小商場幾乎都能看到，但價格不一，建議到Central World對面Big C一樓的Mistine專賣店，貨源齊全價格統一，最重要的是不會買到過期商品，整體來說很好用，送給朋友也說讚。

　　推薦商品：眼線液、睫毛膏、兩用眉筆、羽翼粉餅、滋潤雙色唇膏及BB霜等。

泰愛香

BEAUTY COTTAGE

1.白色的春水田香及粉色的深情意濃香水，味道清香又持久／2.店內人氣商品之一的玫瑰凝露／3.店內裝潢很有質感

「BEAUTY COTTAGE」是傑菲亞娃泰國好姊妹Zona鍾情的平價香氛品牌，BEAUTY COTTAGE強調不做任何動物實驗，產品絕不含致癌的防腐劑，無論是全身保養、彩妝及香氛商品都強調天然成分，復古典雅的精美包裝加上平實的價格，成為泰國女孩們最愛的品牌之一。

店家最夯的是獨一無二的香水氣味系列「Victorian Romance」，此系列最為經典：白色的春水田香(Memories of love)及粉色的深情意濃(Love nostalgia)，產品有香水、香膏、護手乳等等。其中我最愛的是以花香持續淡雅的香水，抹上一點點味道清香不刺鼻又持久，最重要的是28ml不到500銖，可說是店內的人氣商品，傑菲亞娃真的是用上就愛上了。其他的護手霜及香膏也都廣受好評，一條約百來銖，如遇品牌活動更是優惠，自用送禮兩相宜。在許多百貨都設有專櫃，傑菲亞娃最喜歡到Terminal 21的3樓，及Central World的1樓採購，店內的裝潢跟商品包裝一樣古典中帶著小華麗。

泰珍貴

珍燕窩

1.燕盞需要花時間泡開才能燉煮／2.桶狀即時燕窩打開加上糖水就能食用非常方便，從泰國買回來冷藏可保存3個月，而冷凍則可保存半年／3.泰國的「珍燕窩」特地送回台灣SGS檢驗合格，品質保證，食客可安心

泰國燕窩遠近馳名，長久以來被視為珍貴的營養聖品，在賣場、超商都能看見不同種類的燕窩飲品。但你知道什麼是燕窩嗎？基本上燕窩分成兩種：洞燕和屋燕。洞燕是最自然原始的燕窩型態，泰國南部普吉非常多。而屋燕則是用人工搭建出來飼養燕子和採集唾液的地方，由於少了天然山洞的礦物質因此營養成分沒有洞燕來的高，但價錢也相對稍稍便宜些。

傑菲亞娃家人長期都有食用燕窩的習慣，最愛一種桶狀即食燕窩。泰國「珍燕窩」以650克的純燕盞加250克純水製成的，完全不含防腐劑。這種即食燕窩有別於燕盞的耗時處理，直接可食用，家人習慣先熬煮加了紅棗的糖水，要吃的時候才加入即食燕窩，簡單美味又方便處理。

泰國旅遊不可不知

以泰國位於中南半島的中心位置來說，自古以來就是宗教、文化、民族的匯集地，因此被譽為亞洲最具異國風情的國家。

無論到哪裡旅遊都應該事先了解當地的注意事項，才能有禮貌地盡興遊玩。到泰國旅遊在食、衣、住、行及文化上有幾件事大家不能不知，入境問俗後也一定要入境隨俗，才能擁有美好的旅遊記憶。

四大菜系口味偏重

食

勇於嘗試當地美食

泰國菜因反映四方不同的地理和文化，基本上分為北部、東北部、中部與南部等四大菜系。泰國人偏好酸、辣、甜等口味重的食物，除了主菜之外，五花八門的醬料更是精采，因此想讓味蕾享受傳統的好滋味，一定要勇於嘗

烤魚可沾醬加米線用蔬菜包著吃，絕佳風[味]

貼心叮嚀

吃飯要用右手

大部分餐廳的餐具均以刀叉為主，筷子較為少見，泰國人認為人的左手不潔，只能用來拿一些不乾淨的東西，因此他們吃飯用右手，遞東西給別人時也用右手，以示尊敬。

注意飲食衛生

泰國有不少路邊攤及生鮮類食物，如果腸胃不好、容易水土不服的朋友，請千萬注意，別輕易嘗試。

酒類販賣有限定時間

通常佳肴都會配上美酒，但泰國賣酒是有規定時間的，每天11:00～14:00、17:00～24:00兩個時段，簡單來說工作時間不賣酒，另外選舉投票前一天的06:00～24:00及重要佛教日也都不賣酒。

試各式調味料，像是辣椒、咖哩、魚露、蝦醬、椰奶，以酸、辣、鹹、甜、苦五味的平衡為特點，來搭配各式各樣的泰國佳肴，體驗當地的美食文化。

觀光客要知道的「泰食」習慣

享用美食時請大家保持良好的用餐禮儀，例如：不要大聲喧嘩、不要坐沒坐樣，這些是無論在哪兒用餐都要注意的。但除了基本禮貌外，泰國還是有些不同於台灣習慣的傳統，要請大家入境隨俗。

注意穿著規定

衣

氣候不盡相同，穿著首重舒適

因各地地形不同，溫度自然有差異，例如：北部的清邁、東北的孔敬等地溫度較低，曼谷較為悶熱，南部則為島嶼氣候，因此來到泰國能吸熱排汗的衣服是最好的選擇，如到北部或東北地方則以洋蔥式穿法最為方便。

佛寺與皇宮有服裝穿著限制

尤其是佛寺及皇宮，原則上不能穿背心、短褲、短裙、或袒胸露背裝及拖鞋等，如需內脫鞋，請注意：不可腳踏門檻。進入大皇宮規定則更為嚴格，女性過膝的長裙是可以接受

的，但如果是褲子就要按傳統全長的規定，因為他們認為穿長裙是女孩子的美德，這些特殊穿著限制，觀光客要非常注意，以免觸犯習俗及違反規定被拒絕進入。

一週七天的衣服顏色

盛行佛教的泰國，一星期七天中會有不同的神佛及顏色（週三有白天、黑夜兩種佛），因此一般民眾常常會以自己的誕生週期來祭拜專屬的神佛。

\\knowledge//

知識充電站

一週七天，每天都有不同代表色

泰國從週一到週日，每天都有不同的代表顏色。週日：紅色、週一：黃色、週二：粉紅色、週三：綠色、週四：橘色、週五：藍色、週六：紫色。因此每個人都有代表生辰的顏色，像傑菲亞娃為週一出生則為平定佛：黃色。

泰國人喜愛紅、黃色，禁忌褐色，我們常在泰國看到重要慶典會使用大量的黃色，這是因為九世皇是週一出生，黃色是九世皇的代表顏色，而2017年最新繼任王位的十世皇也是週一出生的，所以很多皇家有關的顏色都會以黃色為主。其他皇室像是詩麗吉皇后是週五生日，其代表色則為藍色、詩琳通公主是週六出生則是紫色。

泰國為佛教國家，至今仍使用佛曆紀年

泰國八個生日佛（星期三有白天、黑夜兩種生日佛）

山河海景多種風格

泰國的住宿有太多可選擇了，無論是星級飯店、豪華度假村、精品酒店，海景、夜景、河景、山景，喜歡什麼風格全都有。

這幾年泰國全力發展時尚設計產業，到處都是別具特色的精品酒店，令時尚旅人趨之若鶩，尤其是處處充滿著時尚元素的曼谷，也許顛覆傳統，也許融合古典，總是帶給人不同的驚喜。

泰國飯店CP值都很高，有不少國際五星級飯店在曼谷的房價極為親民，建議小資族可在旅遊期間入住幾晚平價飯店後，再稍稍多花一點錢住五星飯店，享受奢華的住宿體驗。

依旅遊計畫選定好區域，觀光客預訂泰國飯店時需要多注意以下事項：

- **訂房多比較**：多比較各訂房網站活動或是直接先看比價網站，瞧瞧同一家飯店及同時段的房型；房價是否有包含稅金（10%+7%）以及早餐。

- **下午Check-in**：飯店一般的入住時間為14:00後，退房時間則是12:00之前，如果不是這時間離開或抵達，可先寄存行李，或是先發信給飯店溝通可以的時間。

- **部分飯店要押金**：入住時，有些飯店會要求付押金500～2,000銖不等，待退房無誤時才退回，通常以信用卡刷進、刷退比較方便，如付現金時請記得索取收據以利退回。

- **盥洗用品自備**：部分飯店因提倡環保不會提供牙膏牙刷，但沐浴乳、洗髮精或是香皂基本上都會有，視飯店等級提供有所不同，個人認為帶自己習慣的盥洗用品，響應環保是最好的。

- **防蚊液必備**：如選擇入住山上、樹林、河邊等花草圍繞的度假村，蚊蟲一定會較多，有的飯店會提供電蚊香，最好還是攜帶防蚊液以備不時之需。

善用大眾交通工具

行進方向不同

泰國行進方向與台灣相反，因此過馬路時左右都要看仔細，自駕或騎摩托車更要注意行的安全。泰國駕駛為右駕與台灣左駕不同，因此轉彎時要特別注意。

大眾交通工具

到泰國自由行其實不難，即便從機場到曼谷

Angsana Laguna Phuket 飯店

泰國行進方向與台灣不同

市區或是外縣市都很方便，只要善用大眾交通工具即可。例如：蘇汪那蓬機場搭機場快線到曼谷市區、曼谷的捷運系統（BTS、MRT）、公車、計程車、嘟嘟車、摩托車、大巴士、交通船及火車等，都能安全的抵達目的地。

尊重皇室及佛教禮儀
文化

佛教國禮儀

泰國是佛教國家，有95％的人民信奉佛教，佛寺很多，請務必遵守寺廟的規定，進入寺廟要脫鞋、服裝端莊整齊，不能穿著背心、褲子或裙子露腳不得超過5公分，不能穿破褲子、單穿褲襪或是內搭褲。除此之外，對僧侶要禮讓，女生避免碰觸和尚，且尊重每一尊佛像，不要輕易許願，願望成真務必還願。

民俗禁忌

觀光客打招呼時雙手合十即可，不要碰觸其他部位，尤其和尚及小朋友的頭。

泰國禁止賭博

泰國沒有任何賭場，就連在房間內玩牌或麻將都不行。

勿褻瀆泰國皇室

泰國人非常崇拜皇室，法律有規定不能在公共場合談論皇室，請務必注意。

小費禮貌

泰國雖為小費國家，但請務必給予紙鈔，不要給硬幣，銅板是給乞丐的。

進入佛寺請務必尊重泰國佛像

請不要碰觸和尚，心存尊重之意

旅遊
路線推薦

精緻象島、曼谷好買
5天

Day 1
台灣→曼谷(轉機)→達叻府→象島→
Sabay Bar火舞秀

Day 2
跳島(暢遊四小島)→邦包漁村

Day 3
喀隆濮瀑布→Kai Bae MeeChai大象營→
森林浴→SPA+下午茶

Day 4
飯店內自由活動→象島碼頭→
達叻府機場(飛曼谷)

Day 5
曼谷購物→台灣

　　泰國之大，不是三五天就能玩遍的，光從曼谷出發往東部走的尖竹汶府、達叻府、象島的路線就有好幾種，真的可以安排不同路線一再前往玩個盡興。

樂活象島、驚豔曼谷 6天

Day 1
台灣→曼谷

Day 2
曼谷東巴士站(搭大巴)→達叻府(前往碼頭)→象島→小吃夜市

Day 3
Tree Top Adventure Park→市區觀光→SPA

Day 4
出海跳島(浮潛或深潛)

Day 5
象島→達叻→曼谷

Day 6
曼谷購物→台灣

象島、尖竹汶、曼谷 7天

Day 1
台灣→曼谷

Day 2
曼谷東巴士站(搭大巴)→尖竹汶府→尖竹汶老街→聖母大教堂

Day 3
尖竹汶國家瀑布公園→達叻府Kon Phat Thin餐廳(與海鷹一起午餐)→碼頭(搭渡輪)→象島→Sabay Bar火舞秀

Day 4
出海跳島→邦包漁村

Day 5
喀隆濮瀑布(或塔安瑪揚瀑布)探險→紅樹林→沙拉克碧漁村

Day 6
象島→達叻府→曼谷

Day 7
曼谷購物→台灣

DO NOT CLIMB

泰國
小檔案

中南半島最具異國風情的國家

由於特殊的地理位置，泰國和四周的國家彼此有著密不可分的影響，加上古往今來、東西方互相交錯的歷史文化，構築了今日風情萬種的泰國。豐富多變的地形，更讓她擁有山地、高原、平原、海島等多重的自然景觀與天然資源。

湄宏頌

清萊

清邁

北部

素可泰

多山區叢林地形，山林景致迷人，也是泰國最涼爽的地區，最具代表性的城市即為清邁(Chiang Mai)與清萊(Chiang Rai)，冬季氣候清涼。

當地人稱為「伊森」(Isan)的東北部屬湄公河流域，是山巒起伏的高原地帶，受到鄰國柬埔寨與寮國的影響而孕育豐富的文化歷史及民俗節慶，例如：孔敬(Khon Kaen)、黎府(Loei)、呵叻(Khorat)、青康(Chiang Khan)等，都是東北部知名景點。

東北部

大城

中部

桂河

安邦哇

曼谷

素林

最著名的觀光景點是芭達雅，沿海星羅棋布的島嶼中，有許多觀光勝地，例如：沙美島(Koh Samet)、象島(Koh Chang，又叫做昌島)，是觀光客最常造訪的區域。

平原土地肥沃，盛產大米和水果，山脈和河谷縱橫交錯，是發展水力發電的理想地區。首都曼谷(Bangkok)位於泰國中部，其他如華欣(Hua Hin)、七岩(Cha Am)、大城(Ayut-thaya)，都是中部的著名景點。

東部

芭達雅

羅永

沙美島

華欣

象島

蘇梅島

地理位置

安達曼海域與暹羅灣附近擁有潔白海灘、成群島嶼及豐富天然資源，例如：普吉(Phukot)、攀牙(Phang-nga)、喀比(Krabi)、蘇梅(Koh Samui)，都是絕佳的度假或潛水勝地。

普吉島

喀比

PiPi島

南部

泰國(Thailand)古名為暹邏(Siam)，位於中南半島的中心，面積約51.3萬平方公里，地形主要是山地、高原和平原所構成，全國共有77個行政區，包括76個府和1個直轄市曼谷，人口近7千萬。泰國大致分為五大區域，如本頁地圖上所標示。

泰國至今共有4個王朝，但對世人來說泰國明顯的歷史要從13世紀開始說起。公元前居住在中國西南地區的少數民族來到泰國，9世紀時泰國中部到東北地區都是吳哥王朝管轄的，因此泰國境內有許多吳哥式的建築及文化，一直到1238年出現了「素可泰王朝」泰國才正式獨立，有了完整的朝代記載。

【素可泰王朝】
SukhThai(1238～1378年)

蘭甘亨(Ram Kamhaeng)收復了曾在吳哥王朝管轄的大半領土，從泰北向整個湄南河流域發展，並引進佛教，創造文字，奠定了泰國文化歷史的基礎。

與素可泰王朝同時存在的還有明萊王(Mantra)建立的蘭納王朝(Lana)，但在1558年成為緬甸的屬國，直到1774年清邁反抗成功，才收復回來。

泰北三皇(素可泰王朝的蘭甘亨、蘭納的塔亞蒙賴王、塔雅安蒙王)

【大城王朝】
Ayutthaya(1350～1767年)

素可泰王朝慢慢沒落時，泰族的另一個分支「烏通王」自立為王建立了大城王朝，併吞了素可泰王朝也消滅了高棉王國，將國土擴張到馬來半島，歷經33任君王共417年，是泰國目前歷史最悠久的王朝。

大城王朝的33位君王吸收了吳哥的印度王權思想、天授神權予國王的觀念，揉合婆羅門教的儀式興建了許多壯麗的宮殿和雄偉的佛寺。由於王朝內部的衝突不斷，以及皇室宮廷的逐漸衰弱，因而在西元1767年時，遭受緬甸軍隊入侵的徹底破壞而滅亡。

大城知名的菩提佛頭樹

【吞武里王朝】
Thonburi(1769～1782年)

1767年大城王城被緬甸軍徹底破壞時，鄭信王(Taksin)打敗緬甸軍，光復了大城。戰後他決定遷都到湄南河下游的吞武里(現在曼谷大皇宮的對岸)，成立了吞武里王朝。鄭信王擊退緬甸軍後花了3年整治內亂，卻也讓他身邊的大將取得政權，結束了只有15年的吞武里王朝。

【卻克里王朝】
Chakri(1782年至今)

從鄭信王手中取得政權的昭披耶卻克里(Chao Chakri)將軍，將首都遷到曼谷，登基為拉瑪一世，正式進入卻克里王朝(Chakri Dynasty)。

此段時間經過歐美外強入侵，兩次世界大戰、軍人專政，自1932年起回歸君主立憲體制，其中第四世皇及第五世皇影響甚大，四世皇接受西方學術思想，建立良好外交關係，特

請安娜老師入國教導皇子，造就後來五世皇獨特的執政手法。

五世皇大力改革，被尊為「泰國之父」

五世皇的柔性外交，讓泰國成為英法的緩衝國，免去戰爭的洗禮，加上大力改革、歐洲考察，興建鐵路學校博物館及郵電局等，因此後來有非常迅速的發展，被百姓尊稱為「泰國之父」。卻克里王朝最深得民心的則是第九世皇蒲美蓬（Bhumibol Adulyadej）國王，又稱「拉瑪九世（Rama IX）」，自1946年繼位至2016年10月已長達71年，是目前在位最久的國家元首。

九世皇與皇后推出「皇家計畫」，深得民心

九世皇與詩麗吉皇后自1955年起，兩人就不斷下鄉視察民情，認真擔起解救與發展國家的重任，足跡遍及全國每一個角落。只要一有機會，就會深入內地，推展一系列利民項目，也鼓勵皇室成員不定期地進行下鄉巡視，對於貧困和偏遠地區進行教育、濟貧、基礎建設、手工藝推廣等「皇家計畫」，可以說是最深得民心的國王。

2016年10月13日九世皇去世，全國悲慟不已。2016年12月1日，瑪哈·哇集拉隆功（Maha Vajiralongkorn）繼位為卻克里王朝的第十代國王拉瑪十世（Rama X）。

氣候

由於接近赤道，大部分地區屬熱帶季風氣候，溫暖而潮濕。基本上分為3季，涼季：11～2月受較涼的東北季風影響比較乾燥。旱季：3～5月氣溫最高，很少下雨，可達40～42℃。雨季：7～9月受西南季風影響，常下雷陣雨。

年曆、時差

泰國習慣使用佛曆，西元1911+543就是佛曆（例如：今年佛曆為2019+543=2562）。泰國時間則比台灣慢1小時。

幣值、匯兌

泰國當地使用貨幣為泰銖（Bath，以B代表），與台幣的匯率大概0.9～1：1非常接近，建議以台幣及美金來兌換泰幣。

■ 如果身上沒有美金：出發前可以先到台灣的盤谷銀行直接兌換泰幣。

■ 如有美金直接到泰國機場就能兌換，強力推薦持美金100元面額的現鈔到曼谷Super Rich兌換，匯率最好。

蘇汪那蓬機場B1就有Super Rich可兌換泰幣

簽證

以台灣護照進入泰國是需要辦簽證的，目前有兩種簽證提供觀光客來辦理：

■ 在台灣辦理的一次觀光簽證。

■ 抵達曼谷入境前辦理的落地簽證。

【單次觀光簽證】

在台灣要辦理泰國簽證需到泰國貿易經濟辦事處(台北、台中、高雄)辦理，需要準備的證件及注意事項如下：

■ 以出發日期算起，持有半年有效期及內有空白簽證頁的護照正本。

■ 清楚的身分證影本及完整英文填寫申請表格(第一晚入住的飯店名稱、地址要以詳盡英文寫出)。

■ 近半年2吋白底彩色照1張，且嚴格規定「頭頂到下巴要有3.2～3.5公分」，不得翻拍。

■ 泰簽規費：台幣1,200元(退件不退費)。如個人申請現場核准取得收據，可於隔天下午4～5點憑收據取件，簽發當日起3個月內需使用泰簽，且入境後30日需離境的有效期。

■ 泰國貿易經濟辦事處未來有意讓VFS Global代辦中心處理泰國簽證，申辦者除了泰簽規費外，還需自行負擔手續費。

泰國貿易經濟辦事處(台北)
台北市松江路168號12樓 (02)2581-1979 www.tteo.org.tw

在台灣泰國貿易經濟辦事處辦好的觀光簽證

【落地觀光簽證】

如出發前完全沒時間先辦好泰國簽證，可以落地簽來處理。目前泰國重要的國際機場幾乎都有提供落地簽(Arrival Visa)的服務。所需資料包括：

■ 抵達當天起15天內的回程機票。

■ 超過半年的有效護照。

■ 2吋照片1張(辦理櫃檯旁有付費拍攝機)。

■ 泰幣1萬或等值美金，當場填寫表格到指定櫃檯辦理。

■ 目前落地簽費用為2,000銖，有效期為入境後15日需離境。

蘇汪那蓬機場一出飛機隨著Visa on Arrival指標很容易找到的

蘇汪那蓬機場落地簽櫃檯

廊曼機場落地簽櫃檯

出入境規定與限制

【攜帶物品限制】

泰國海關對入境菸酒非常限制，每個人入境

只能攜帶200支香菸（或250克雪茄、或250克菸葉）及1公升餐酒或烈酒，且電子菸是完全被禁止的，關於這些規定泰國海關非常嚴格，奉勸大家不要心存僥倖，避免不必要的損失。

另外，肉類、植物、蔬菜等禁止入境，與佛像有關的藝術品或是古董，必須提供商店輸出許可證。切勿幫任何人拿行李，以免被陌生人栽贓毒品、槍械等違禁品，觸犯法律惹禍上身。

【攜帶錢幣限制】

■ 泰幣：基本上攜帶泰銖入境泰國，沒有金額限制，但出境則不能超過5萬泰銖，如攜往緬甸、寮國、柬埔寨、馬來西亞、越南等東協

國家，則不能超過50萬泰銖。
■ 外幣（美金）：泰幣以外的外幣，金額加總超過2萬美金必須申報。

【出入境表單】

出入境表單僅有移民局需要的出入境卡，沒有海關單，請依是否需要申報，直接走紅色或綠色海關通道入境即可。出入境卡為同一張，需以英文仔細填寫清楚，包括第一晚的飯店名稱、地址及電話，入境時移民局會撕走入境Arrival聯，留下出境卡，並在護照上蓋入境章，出境則以出境卡、護照、登機證，到移民官處辦理出境手續。

入出境表格填寫範例：各欄位都需以英文填寫清楚，包括入住的飯店名稱及地址

正面

背面

通訊上網

觀光客如需隨時隨地順暢上網，可以在各機場出境大廳購買泰國電信公司的SIM卡，例如：使用8天4G（299銖），或是出發前租賃Wi-Fi機帶去泰國使用。

使用Wi-Fi機，可分享4～5位，收訊效果較好

抵達泰國機場選擇適合旅遊期間的SIM卡

可以直接到櫃檯以護照及現場拍大頭照存檔購買SIM卡，將手機交給工作人員設定好，很快就能處理好，8天4G／299銖的這種最受歡迎

電壓、插座

泰國電壓是220V、台灣則是110V，理論上在泰國使用台灣110V電器是需要變壓器的，但現在手機、相機很多都是110～240V的，加上泰國插座跟台灣一樣是兩孔式的A型插頭，所以可直接在泰國使用。

小費行情

泰國是個小費國家，觀光客付小費是禮貌的表示，切記不要給銅板，請以紙鈔付小費。一般行情為：行李小費20銖、床頭小費20銖、泰式按摩50～100銖、餐廳結帳服務生20銖、船家小費20～50銖、象夫小費50銖。

稅金、退稅

在泰國店家消費需加7%政府稅及10%服務費，例如在餐廳或是訂房結帳時看見「++」，就是以原來的金額再加17%，才是最後金額。

【退稅規定】

如觀光客在指定「Vat Refund For Tourists」的百貨公司或Shopping Mall總共超過2,000銖，就可以視消費金額多寡來申請退消費稅，如無此標誌的則不能辦理退稅，又或是已表示免稅商品也不能辦理退稅，比方NaRaYa曼谷包。

在Big C買了可退稅商品約2,500銖，到蘇汪那蓬機場可退80銖現金

退稅流程 Step by Step

Step 1 填寫黃色單據

持發票及護照至該商店的「Vat Refund For Tourists」填寫一張黃色單據，櫃檯確認蓋章就完成初步程序。

依照規定需要退稅單、收據、護照、商品

Step 2 持黃色單據去蓋章

持黃色單據及護照需到機場退稅的海關檢查辦公室（Customs Inspection For Vat Refund）蓋章，而且在辦理登機手續前要完成。

曼谷廊曼機場退稅蓋章櫃檯

曼谷蘇汪那蓬機場退稅蓋章櫃檯

Step 3 辦理退稅

進移民關循指示找到退稅的櫃檯（Vat Refund For Tourists Office），將護照及已查核並蓋章簽名的退稅證明文件交予櫃檯人員，取得退稅款項與退稅收據。

退稅單上一定要蓋好章才能辦理退稅

出入境查驗櫃檯後再到退稅櫃檯(Vat Refund For Tourists Office)辦理退稅(曼谷蘇汪那蓬機場)

貼心叮嚀

在泰國申請退稅的資格：

- 非泰國人
- 停留不得超過180天
- 購買的商品需60天內出境

Koh Chang

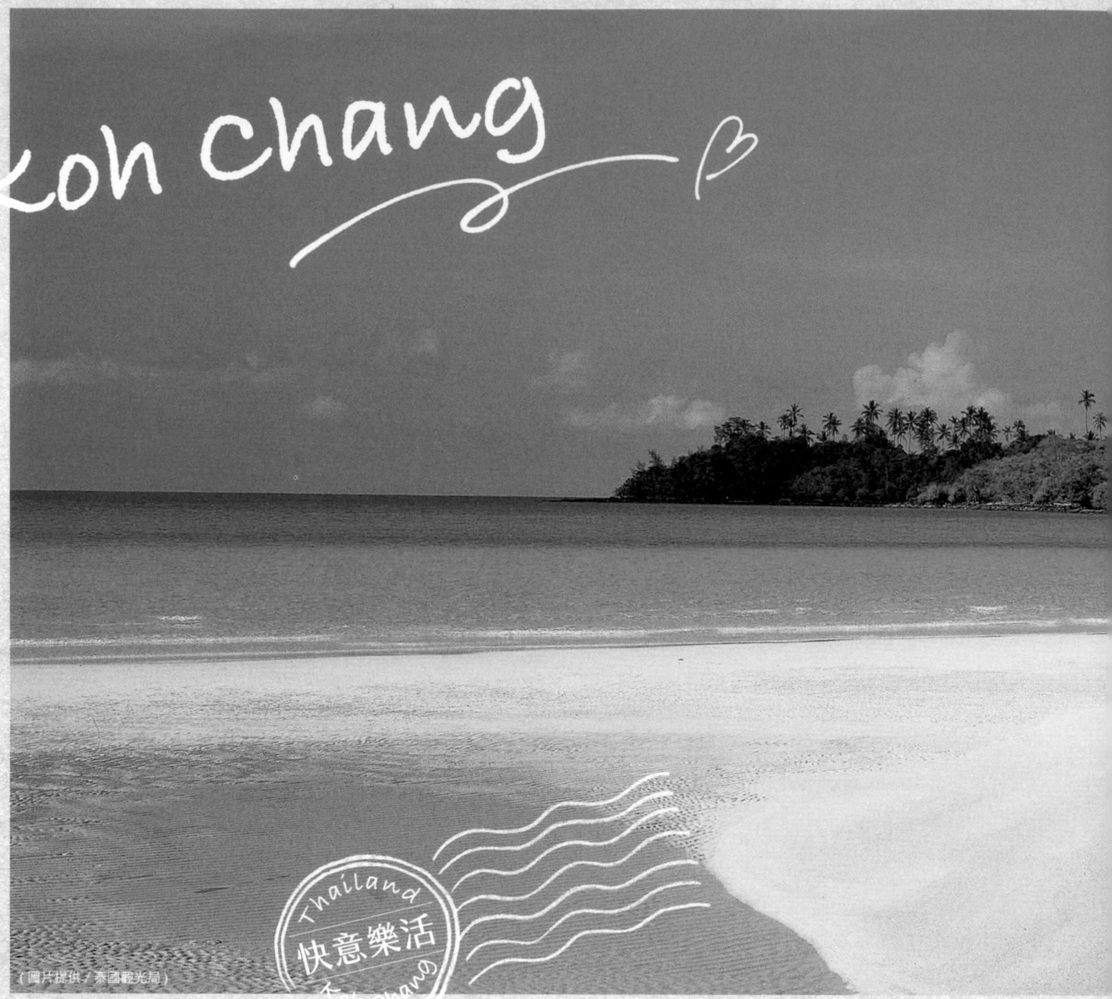
Thailand
快意樂活
Koh Chang

（圖片提供／泰國觀光局）

象島

叢林·瀑布·沙灘·海島

เกาะช้าง

遠離塵囂的世外桃源

象島屬於達叻府的外島，是泰國第二大島，也是被規畫為國家海洋公園的保護地區之一。原始不受汙染的自然生態，使得遊客更能盡情享受叢林探險、浮潛、潛水、釣魚、划獨木舟各項活動，彷彿在世外桃源般悠閒與愜意。

象島風情

象島(Koh Chang)位於泰國的東部,距離曼谷約300多公里,屬於達叻府(Trat)的一個外島,西邊被暹邏灣(Gulf of Thailand)環繞,是泰國的第二大島,因全島形狀像隻大象而得名,大象的泰文發音為昌(Chang),所以又稱為「昌島」。

象島周圍有52座小島,其中47座已經和象島一起被劃為國家海洋公園,總面積為650平方公里,面積429平方公里的象島是最大、發展最完善的島嶼,周邊較出名的島嶼為庫德島(Koh Kood)、瑪克島(Koh Mak)。

1.跳島浮潛是在象島不容錯過的活動／2.象島與47座島嶼被劃為國家公園,象島是面積最大,發展最完善的島嶼(圖片提供／泰國觀光局)／3.邦包漁村的水上屋很熱鬧

象島全圖

達叨自然碼頭
Thammachat Pier

達叨中央碼頭
Centre Point Pier

象島碼頭
Supparod Pier

象王廟
Chao Po

象島碼頭
Dan Kao Pier

白沙灘
White Sand
Beach

喀隆濮瀑布
Klong Plu Water Fall

塔安瑪揚瀑布
Than Mayom Water Fall

孔拋海灘
Klong Prao Beach

沙拉克碧山
Salak Phet

大象督
Kai Bae Meechai

沙拉克碧漁村
Salak Phet

沙拉克角紅樹林
Salak Kok Mangrove

卡貝海灘
Kai Bae Beach

沙拉克碧寺
Wat Salak Phet

孤獨海灘
Lonley Beach

沙拉克碧紅樹林步道
Salak Phet Mangrove
Walkway

樹頂探險公園
Tree Top
Adventure Park

The Mangrove
Hideaway

邦包海灣
Bang Bao Bay

Salak Phet
Seafood & Resort

努亞群島
Koh Lao Ya

威島
Koh Wai

瑪克島
Koh Mak

庫德島
Koh Kood

地理位置、面積及地形

象島享有獨特的地理環境，四面環海卻有群山林立，最高的一座山爲海拔744米的沙拉克碧（Salak Phet）山，因此整個島嶼擁有叢林瀑布的山群、極佳潛水點及豐富生物的大海，十足「大自然恩典」的代表。

中央群山把象島隔成東、西海灘，遊客們最主要活動的區域是在西邊，由北到南大致可分爲：白沙灘（White Sand Beach）、孔拋海灘（Klong Prao Beach）、卡貝海灘（Kai Bae Beach）、孤獨沙灘（Lonely Beach），及最南部的邦包漁村（Bang Bao）等5區，而東邊沙拉克碧區（Salak

Phet）有最大的海灣、紅樹林及原住民漁村。

島上寧靜純樸，居民不到1萬人，大部分從事旅遊或打漁業，景色風光明媚是個眞正的世外桃源，吸引不少人來此遊玩。連泰國君王拉瑪五世、拉瑪六世、拉瑪七世及拉瑪九世都曾來此，皇室的造訪更提高了象島的名氣。

綠色觀光的示範島嶼

　　泰國所謂綠色觀光的示範島嶼，就是在推廣永續觀光的同時，也能維護島嶼資源，重視珍貴的自然資產。

　　推動環保島嶼觀光，氣候友善是一大前提，這一點象島是絕對名符其實，有了基本條件後，最大的挑戰就是保護綠色天然資產。泰國政府在象島以降低「碳的足跡」積極進行飯店的環保認證計畫，協助業者使用再生能源，如：太陽能、生質能源及風力能源，建立一個清新又充滿活力的觀光產業，這是令人稱讚的。

嚴禁開發的國家公園

　　象島緊鄰柬埔寨邊境，是泰國最東部的島嶼，因此泰國政府對象島的保護比其他島嶼都還要嚴格，全島都是政府保護的國家公園區，不允許任何的民營開發，使得象島能完整維持它的原生態。

　　象島覆蓋著密密麻麻的熱帶雨林山脈，置身其中，就像進入一間超大的熱帶溫室，植物在陽光的照耀下散發著療癒芬多精，瀑布因光合作用製造的負離子讓人有滿滿的正能量。

　　象島擁有碧海藍天、沙灘椰影的熱帶風情，四周海域有多處極佳的潛水地點，是潛水愛好

good time

者的天堂。除了享受海上樂園還可以體驗叢林探險、划獨木舟、潛水、海釣等遠離塵囂的有趣活動,非常適合慢慢享受人生的快樂生活。

1.東部沙拉克碧紅樹林步道極具環保教育意義 / 2.綠色環保示範島嶼的象島,豐富的熱帶雨林,碧海藍天與潔淨的沙灘都是大自然最珍貴的寶藏(圖片提供 / 泰國觀光局) / 3.東部沙拉克碧純樸漁村,無憂無慮的孩子們 / 4.熱鬧白沙灘是旅人們最常駐足的地方

適合遊玩的季節

象島屬熱帶雨林氣候,分為旱季和雨季。雨季一般在5～9月,甚至到10月,最適合在象島的旅遊時間是每年11月到隔年的5月。

這裡的旅遊旺季大致有兩個時段:8月是泰國人避暑的旅遊高峰,11～1月則是國外過聖誕節的高峰期,這段期間飯店會漲價,而雨季期間多少會影響出海的體驗,敬請注意。

4

到象島之前的交通

從台灣到世外桃源的泰國象島（Koh Chang）是需要陸海空分階段的交通方式來完成，首先需要搭乘班機飛抵曼谷，目前台灣經營曼谷航線的本籍航空、國籍航空或是包機，都提供非常多航班飛抵蘇汪那蓬機場或是廊曼機場，但無論是降落哪一個機場，都必須再轉乘其他交通工具前往達叨府（Trat）才能繼續搭船抵達象島。（從台灣到曼谷的交通，請參考本書「前往曼谷的交通」P.156。）

曼谷前往達叨府的交通方式

- **飛機**：從曼谷蘇汪那蓬機場搭乘曼谷航空飛抵達叨府桐艾機場。(見P.63)
- **巴士**：從曼谷蘇汪那蓬機場搭乘大巴途經尖竹汶府(Chantha Buri)後到達叨府。(見P.64)
- **巴士**：從曼谷市搭乘大巴途經尖竹汶府後到達叨府。(見P.65)
- **私營小巴**：搭乘民營9人巴士到達叨府，小巴搭乘地點較多，詳見後面內文所述。(見P.67)

貼心叮嚀

曼谷航空獨家經營達叨府線

達叨府桐艾機場位於達叨市中心西邊40公里處，是一個小而美的簡單機場，由曼谷航空建立，為曼谷航空所擁有。因此從曼谷蘇汪那蓬機場飛往達叨府的航班，僅有曼谷航空或是其合作的航空公司能經營此線。

華航和曼谷航空 提供行李直掛和VIP休息室

兩家航空合作的班機在桃園機場都能刷出兩段登機證及行李直掛服務，非常方便；抵達曼谷蘇汪那蓬機場，還能以曼谷航空登機證享受曼谷航空提供的貴賓休息室。曼谷航空常有好康活動訊息，建議大家常去關注，也可趁早規畫旅遊行程以利訂到優惠艙等。

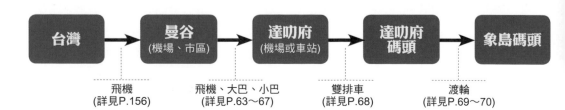

台灣	→	曼谷 (機場、市區)	→	達叨府 (機場或車站)	→	達叨府 碼頭	→	象島碼頭
飛機 (詳見P.156)		飛機、大巴、小巴 (詳見P.63～67)		雙排車 (詳見P.68)		渡輪 (詳見P.69～70)		

而位於泰國東部與柬埔寨邊界的達叨府，距離曼谷有300多公里，其中象島早在十多年前就成為觀光勝地，所以達叨府的交通方式非常多樣化，無論是航空、陸上的交通都非常完整，大眾交通工具或是自駕都能抵達達叨府。

搭飛機前往達叨府

【曼谷飛往達叨府】

如果旅遊預算充足，可搭乘曼谷航空（Bangkok Airway，PG）的國內航班由曼谷蘇汪那蓬機場（Suvarnabhumi Airport Thailand）飛抵達叨府的桐艾機場（Trat Airport），可以省去不少拉車時間，但相對的旅遊成本也較為增加。

曼谷航空的常態航班，每天有3班飛機從曼谷飛往叨府桐艾機場：PG301 08:20、PG305 11:40、PG307 16:45起飛，航程約1小時，建議觀光客最好搭乘中午前起飛的航班較為妥當，這樣到達叨府碼頭才能不疾不徐地安全搭船，前往象島。

達叨府飛往曼谷每天有3班：PG302 10:00、PG306 13:10、PG308 18:15起飛。曼谷蘇汪那蓬機場的IATA代碼為BKK，達叨府則為TDX。

http Bangkok Airway：cn.bangkokair.com

1.目前曼谷往返達叨機場每天有3班，從台灣飛抵曼谷當天順轉到達叨府僅1個航班，行李可直掛到達叨府／2.搭乘曼谷航空可在曼谷蘇汪那蓬機場享用貴賓室／3.達叨府機場非常小，出入境櫃檯都在同一區／4.達叨府機場旁有轉運交通服務／5.KRUNG THEP巴士櫃檯／6.有共乘及包車的價錢，可依個人需要選擇

【台灣飛曼谷順轉達叻府】

一般象島5天的旅遊行程中，若不想耗太多車程時間，可以選擇從台灣起飛當天兩段飛機經由曼谷順轉來回的航程；而往返台灣與達叻府最好的航班建議如下：

●**台北→曼谷**：PG4900 07:15→10:05，轉搭**曼谷→達叻**：PG305 11:40→12:40

●**達叻→曼谷**：PG306 13:10→14:10，轉搭**曼谷→台北**：PG4903 17:50→22:20

上述航班的台北曼谷段是由曼谷航空與中華航空合作的共享航班，爲此曼谷航空特別推出4段優惠票價，約台幣12,900起(不含稅金)，甚至還有推出兩人成行的優惠票價，每人才9,590起(不含稅金)，眞的是太便宜了。以曼谷航空安排象島行程的朋友們，如果計畫回程入境曼谷來趟時尚小旅行，只要以自己訂立的票種及泰簽時間確認機位即可。例如：1個月的票期就必須在1個月的有效期搭乘完畢，但會因爲進入曼谷需多付曼谷機場稅約台幣450～500元。

特別提醒：稅金因匯率變化時有變動，請上臺灣銀行官網查詢：www.bot.com.tw(選「匯率利率」→選「牌告匯率」)

蘇汪那蓬機場搭巴士前往達叻府

曼谷有3條主要道路通達叻府，車程約5～6小時，其中最便捷、路況又好的是曼谷到春武里的快速公路(約180公里)，下最後的交流道即可抵達。或是走曼谷－春武里高速公路，經過Ban Bung－Klaeng－尖竹汶Chantha交流道再往達叻府，因此若選擇自駕到達叻府，循著道路指標也能輕鬆抵達。

如果要選擇大眾交通工具前往達叻府，曼谷有不少車站提供大型巴士或小巴到達叻府，再搭雙排車到達叻Laem Ngob區的服務，車程約6小時以上，大家可依需求來選擇巴士公司。

大家只要到機場B1「Gate No.8」附近有往Trat(達叻府)、Koh Chang(象島)、Chantha Buri(尖竹汶)的巴士公司櫃檯，售票櫃檯非常明顯，只要手比Koh Chang問車班及票價，工作人員都能以英文來服務，或上網預約班次購票。

Suvarnabhumi Burapha公司經營從蘇汪那蓬機場－芭達雅－尖竹汶－達叻府往返路線，目前維持每天一班車，但淡季期間會以小巴代替大巴營運。

早班車大概是07:50，單程約600銖，來回票價約900銖(含船票及交通車到象島指定區域)，而回程達叻府到曼谷機場的車班大概是13:00(依巴士公司公告爲主)，車程大約6個多小時加船程約50分鐘。

1.選擇自駕可在入境大廳詢問租賃車櫃檯／2,3.蘇汪那蓬機場1樓No.8門有往華欣、芭達雅的櫃檯，旁邊就是往達叻象島、尖竹汶的專屬櫃檯

曼谷市區搭大巴士前往達叻府

由於曼谷大巴或小巴的車班時刻及票價都依巴士公司決定及調整，以下資訊僅提供參考，務必以現場公告為主。

【曼谷東巴士站】

位於空鐵BTS伊卡邁站（Ekkamai）2號出口，往回走約莫2分鐘就到東巴士站Eastern Bus Terminal（Ekkamai），是觀光客最常搭乘前往泰國東部區域，如：芭達雅、羅永府（沙美島）、尖竹汶、達叻府、象島等地的巴士站。

基本上東巴士站每天從早上5點到晚上11點，平均每小時就有一班車到達叻府，票價依巴士公司及內容不同，從250～300銖都有，基本上有兩家較適合觀光客或是夜車特別需求。

曼谷空鐵伊卡邁（Ekkamai）站旁邊就是東巴士站，非常方便

● **CHEDCHAI**：這家是班次最多的巴士公司，最晚的一班是23:30，如果想利用晚上睡覺打發搭乘時間可選擇這家，抵達達叻府剛好是

想搭夜班車到達叻府的可以選擇CHEDCHAI最晚的23:30車班

清晨，用了早餐再去搭船到象島也是不錯的安排，單程票價230銖、來回船票150銖。

● **999 Government**：這家為政府經營的巴士公司（簡稱999巴士），長途路線有安排雙駕駛，非常安全。持票對號入座，車內有洗手間，一路上工作人員接龍服務很周全，最重要的是車資相當便宜，往尖竹汶、達叻府的車班是最多人搭乘，非常適合觀光客。

由政府經營的999，往尖竹汶、達叻府的車班是最多人搭乘的

999巴士從東巴士站經過尖竹汶府後再前往達叻府的Laem Ngob區，目前每日兩班07:45及09:00，車程約6小時，回程兩班14:30及16:30由達叻府發車。單程票價239銖、來回票價452銖，票價都有含大巴到達叻府Center Point碼頭的交通（不含船票）。訂位可參考999巴士委託的訂票系統。

http **All Ticket**：www.allticket.com

999巴士一天兩班前往達叻府，回程本來只有一班後來改為兩班，建議買來回票，且預約回程座位

「999巴士」實際搭乘體驗分享

曼谷→象島

- 07:45東巴士站
- 07:55發車
- 12:10到尖竹汶(停10分鐘左右)
- 13:10 SamTon
- 13:40達叨府Laem Ngob區(999巴士服務台買船票，單程80銖、來回150銖)至象島
- Shuttle Bus約莫3分鐘到碼頭
- 搭船約莫40分鐘到象島Dan Kao Pie碼頭
- 搭Taxi(雙排車)約莫20分鐘到白沙灘「Erawan Koh Chang」飯店(車資80銖)

象島→曼谷

- 11:40白沙灘馬路搭計程車
- 12:00抵達Dan Kao Pier碼頭
- 12:30渡輪
- 13:15抵達達叨Laem Ngob區
- 13:25抵達「999巴士站」櫃檯
- 14:00車班14:30發車
- 中途停兩小站接當地乘客
- 16:30尖竹汶(休息10分鐘)
- 曼谷蘇汪那蓬機場
- 19:40抵曼谷東巴士站

07:45東巴士站：持車票上999大巴對號入座

12:10到尖竹汶

13:40達叨府Laem Ngob區(999巴士服務台)買船票

抵達象島的Dan Kao Pier碼頭，搭計程車往白沙灘

14:00從達叨府Central Point Pier碼頭上渡輪往象島

13:50持船票搭乘接駁車到碼頭

　　依上述說明，傑菲亞娃搭乘「999巴士」來回曼谷象島間的交通費用：來回999巴士車票452銖＋來回渡輪船票150銖＋象島Dan Kao Pier碼頭來回飯店車資(80銖×2)共762銖。比起搭乘內陸航班來回約7,000銖的票價，真的是便宜太多了。如果你耐得住車程時間且有預算考量，不妨考慮此方式，一路都有工作人員接龍式的服務，非常容易。

【曼谷北巴士站】

在北巴士站New North Bus Terminal（Mo Chit）可搭乘往泰國北部及東北部路線（清邁、清萊等）的大巴及部分往大城的小巴。除了北部及東北部的路線外，在這裡也有前往達叻府車站（Trat Bus Terminal）的大巴士，每天大概有2～3班車，票價約250～300銖。曼谷北巴士站離市區較遠，必須搭乘曼谷空鐵BTS至Mo Chit站下，再轉搭計程車或嘟嘟車前往北巴士站，由於交通不便，因此大部分觀光客會選擇在曼谷東巴士站搭乘。

搭小巴前往達叻府

曼谷除了幾個大巴士站能前往達叻府外，也有小巴經營從曼谷熱門區域發車到達叻府的路線，這對觀光客來說選擇更多，也更為方便。但由於是民營組成的巴士群，所以無論是車班或是上下車地點及票價並不太穩定，本書僅整理經營較久的小巴資訊。

● **Transportation Service**：這家公司有安排從蘇汪那蓬機場、拷山路、席隆……曼谷等幾個重點區域接送到達叻府，也有包車服務。像是在蘇汪那蓬機場2樓GATE No.7搭乘的11:30車班前往達叻府，單程票價750銖，來回1,400銖，抵達象島後會直接送至酒店，但僅限西岸酒店，從象島回來也可以預約此小巴回到曼谷。

● **Transportation Service：**
www.kohchangclub.com/transfer-en.html

● **曼谷拷山路Viengtai Hotel定期小巴**：在拷山路（Khao San Road）也有小巴到達叻府Laem Ngob區，發車地點就在Viengtai Hotel門口，每天僅一班，去程08:00、回程11:00，單程票價約250～350銖（請以車行規定為主）。

貼心叮嚀

雙排車是接駁到達叻府碼頭的好幫手

如果上述的巴士公司（包括所有的大巴和小巴）沒有安排前往達叻府Laem Ngob區，可以在下車處找雙排車到碼頭，每人車資約60～100銖，記得先跟司機談好價錢再搭乘。（請參考本書：「如何前往達叻府碼頭」見P.68）

無論是前面所說的哪一種方式抵達達叻府的碼頭後，都必須再轉乘渡輪，花40～50分鐘左右的航程才會抵達象島，這一路上可說是陸、海、空的交通工具都搭到了，絕對不輕鬆。抵達象島後，你會發現南洋的獨特魅力，再怎麼辛苦都值得。

曼谷機場到象島，一條龍服務

除了大巴，櫃檯另外還有Lonely Beach Express從蘇汪那蓬機場直接到象島Lonely Beach一條龍的服務，單程約600銖，來回票價約900銖（含船票及交通車到象島指定區域）。 www.bussuvarnabhumikohchang.com

傑菲亞娃交流園地

到東巴士站搭巴士最方便

由於曼谷市往象島的小巴都是民營的，車班接送點及車資均由巴士公司自行決定，較無保證。傑菲亞娃誠心建議如從曼谷想搭乘巴士前往達叻府，最穩妥也最方便的方式就是：搭空鐵BTS到伊卡邁站（Ekkamai）2號出口的東巴士站（Eastern Bus Terminal），再選搭巴士前往。

從達叻府往象島碼頭

象島是達叻府的外島，因此抵達達叻府之後，都必須到碼頭搭乘渡輪前往象島碼頭才算是踏上象島的土地。

如何前往達叻府碼頭

無論是從曼谷搭乘巴士到達叻府或是搭乘飛機抵達桐艾機場，都必須前往達叻府Laem Ngob區（แหลม งอบ）搭乘渡輪前往象島。

一般往象島的大巴士或是民營的小巴都會秀出Trat或是Laem Ngob的字眼，而不是秀象島（Koh Chang），所以很多人會不清楚原來Laem Ngob就是前往象島的車班。

【達叻桐艾機場→達叻府碼頭】

如搭乘曼谷航空抵達達叻府的桐艾機場，可在機場左側的「Krung Thep Limousine」服務櫃檯，選擇目的地搭乘，像是Laem Ngob區或自然碼頭（Ao Thammachat Pier），平均每人300～500銖，也有提供各式包車服務。

【達叻府車站→達叻府碼頭】

如果是從曼谷搭乘大小巴士抵達達叻車站後，可換搭雙排車前往碼頭，車資大約每人60

1.達叻府機場旁有轉運交通服務／2.KRUNG THEP巴士櫃檯／3.有共乘及包車的價錢，可依個人需要選擇／4.達叻府車站有很多往返曼谷及其他路線，是當地最重要的交通樞紐／5.達叻府車站有往Laem Ngob區的排班雙排車可搭／6.前往Laem Ngob區的雙排車車資60銖～100銖，務必問好車資再上車

~100銖，但有不少巴士公司套票有含專屬接駁車前往碼頭，不需要自行安排搭車。

從達叻府碼頭前往象島碼頭

到象島前最後交通工具就是在達叻府的碼頭搭乘渡輪，而往返達叻府及象島兩邊船班的安排大致為每天07:00～19:00，平均每個小時就會有一班渡輪發出，船公司會因淡旺季時間視遊客人數及天氣情況來增減船班。

基本上這是種連車帶人可上的兩層渡輪，車停在第一層，乘客必須全部上第二層，2樓設有零食果汁的販售區，看看海景，吹吹海風約45分鐘就抵達象島了。

9人巴士以下的四輪車及雙輪車才能上渡輪，禁止中巴及大巴上渡輪

上了渡輪乘客全都要上2樓座位區休息，可購買零食、吹吹海風；大約45分鐘後抵達象島

達叻府往返象島的渡輪，第一層提供車輛停放

達叻府及象島來往渡輪的碼頭其實不少，以「觀光客」來說，達叻府有兩個碼頭是一定要知道的，那就是中央碼頭（Centre Point Pier）、自然碼頭（Ao Thammachat Pier）。相距5公里的兩個碼頭分別由「Ferry Koh Chang」和「Centrepoint Ferry」兩家公司在營運，對應象島下船的碼頭也不同。地圖上常看到Ao的字眼是泰文「海岸區域」的意思。一般往來達叻、象島對應碼頭分別如下：

船班最多

達叻府Centre Point Pier碼頭
↓↑
象島Dan Kao Pier碼頭

最大碼頭

達叻府Ao Thammachat Pier碼頭
↓↑
象島Supparod Pier碼頭

由於從達叻府中央碼頭（Centre Point Pier）開過來的渡輪都是停在象島的Dan Kao Pier碼頭，因此Dan Kao Pier碼頭也被稱之爲Centre Point Pier。船班一天多達14班，但也會因天氣或海象變化而取消。

從達叻府自然碼頭（Ao Thammachat Pier）到象島Supparod Pier碼頭是以貨物運輸及車輛來往爲主的碼頭，比較大型的車輛或是自駕車就會搭乘這條航線的船公司往返兩邊。

FERRY SCHEDULE ตารางเดินเรือ	
DEPARTURE Centre Point	DEPARTURE FROM Koh Chang
06.00	06.00
07.00	07.30
08.00	08.30
09.00	09.30
10.00	10.30
11.00	11.30
12.00	12.30
13.00	13.30
14.00	14.30
15.00	15.30
16.00	16.30
17.00	17.30
18.00	18.30
19.30	19.30

1.從達叻府中央碼頭搭船到象島的Dan Kao Pier／2.於從達叻府中央碼頭開過來的渡輪都是停在象島的Dan Kao Pier，因此這碼頭也被稱之為Centre Point Pier／3.建議先把船班時刻表拍下來，回程就能安排時間搭船到達叻府

1.達叻府自然碼頭Ao Thammachat Pier是當地最大的碼頭／2.Ao Thammachat Pier的船班會停在象島Ao Supparod Pier，掛著Welcome看板，表示為較具規模的碼頭／3.運輸船大部分都會停這個大碼頭

至於觀光客選擇哪個碼頭通常都是取決於哪家船公司，因此購買來回船票的朋友就要特別注意，兩家船公司票價是差不多的，例如觀光客每人是80銖、摩托車每台30銖、轎車每台100銖，以2018年我與兩位朋友自駕的案例：轎車100銖+3人×80銖=340銖，來回就680銖。

象島在旺季（9～5月）舉凡航班、車班、船班……等交通工具都會增加，相對的，淡季期間（6～8月）就會比較少。

🌐 **Koh Chang Ferries Time table：** kohchangferries.com（選擇「centrepoint-ferry-timetable」）

依我的經驗從曼谷搭乘政府經營的999巴士前往達叻府，乘客抵達達叻府後，會有一條龍的方式安排前往Laem Ngob區的中央碼頭（Centre Point Pier），再搭渡輪到象島的Dan Kao Pier碼頭，這個方式對觀光客來說較爲經濟方便。

島上交通工具

面積429平方公里的象島擁有75％的熱帶雨林，中央群山把象島隔成東西海灘，島上最主要的交通也僅僅左邊、右邊各一條道路，由於南部有山脈阻隔沒有可行的道路，因此無法以主要公路進行環島。

如果不是自駕來到象島，要好好的思考如何使用島上的交通工具，分成兩個部分介紹：1.兩大碼頭來回飯店的交通方式、2.島上移動的交通工具。

搭載遊客前往島上各處，尤其是觀光客常抵達的Dan Kao Pier碼頭。白色車身的雙排車會有Taxi的字眼，這是以共乘的概念沿路送客人前往目的地，但都僅限在西部的主道路上，費用80銖起跳，視距離遠近不等，例如Dan Kao Pier碼頭到白沙灘上的「The Erawan Koh Chang」飯店就是80銖。如果要前往的地方不在Taxi的服務範圍內，那就要包車了，費用200銖起跳，請與司機談好價錢再上車。

雙排車來往兩大碼頭與飯店

抵達象島後無論是Dan Kao Pier碼頭或是Supparod Pier碼頭都會有不少雙排車在碼頭旁等候

共乘雙排車輕鬆玩

在西岸的主要道路上除了可以搭乘固定路線的白色Taxi外，如特殊地點或是時間無法配合，那可以找雙排車問問價錢，一般從北的白沙灘到南邊的邦包（Bang Bao）漁村每人大約100～120銖，各個沙灘間的距離車資都大約80銖，但這都是以共乘來計算。如果特定地點包車，大概要從200銖起跳，東部則車資高些約400銖起跳。象島上計程車的行情都差不多，請務必跟司機談好價錢再上車。

象島碼頭只要渡輪抵達，雙排車就會在旁邊等候載客

Public Taxi 不用怕迷路

　　觀光客在象島最常活動的區域就是西邊海灘，因此在西邊的道路上都會有固定路線的「Taxi」來回跑，只要在主要道路上看到白色的Taxi就可以招手，但要注意每台路線不同，像是孤獨沙灘（Lonely Beach）－邦包漁村（Bang Bao），基本上確認方向後，先攔下司機告知目的地再上車，因此搭乘主道路上的Taxi都能依路線抵達景點，車資視距離有所不同，由於都是來回在一條道路上，不用擔心會迷路。

　　而最後一天要從飯店到象島碼頭也可以搭乘Taxi，例如：從白沙灘飯店搭乘Taxi去Dan Kao Pier碼頭搭渡輪，我就以搭船時間提前40分鐘到1小時在主道路上攔車，問清楚司機是否有到碼頭及費用就可以上車了，行李司機會協助放置車頂，很方便。以此方式到碼頭要注意時間，例如：白沙灘到碼頭約20分鐘車程，需以一趟車班的1.5倍時間提前做準備，越接近碼頭的搭乘處越容易沒位子，就得等下一班車，盡早出發較為妥當。

象島西邊主要道路都可以搭乘Taxi前往景點，這樣的Taxi也可以談包車價錢

Public Taxi有分路線，上車前先問下司機比較好，基本上來回行駛在白沙灘到邦包漁村(Bang Bao)間的主要道路上

從白沙灘搭Taxi往碼頭，攔車後還是要確認是否有往碼頭，以免坐錯車，或是拿預購的船票給他看，行李則由司機協助放置車頂

摩托車自騎 超方便

　　象島主要道路大部分都是柏油路，很好行駛，因此要在島上來個自騎、自駕也都沒問題，但越往南邊彎度越高，甚至出現髮夾彎，要非常注意安全。

　　部分店家有提供租房車的服務，但有無保險真的不得而知，因此鮮少有人會對轎車有興趣，更何況遊玩美麗的象島真的不太需要租房

象島西部主要道路上都可以看到租摩托車的店家，平均一天200～250銖

車自駕。

大家最常租的還是摩托車，主道路上有不少店家或飯店都會掛著「Motor Bike For Rent」，尤其是白沙灘區，觀光客可以持護照或是押金3,000銖來租賃摩托車，一天約200～250銖，加油也不是問題，找到有寫「Gasoline」的牌子就是加油站了，一瓶油大概30～40銖。

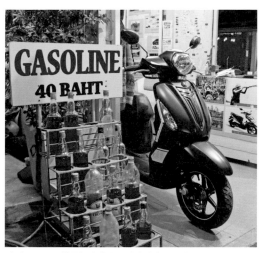

看到Gasoline就是加油站了，實在方便又有趣

泰國為右駕靠左行駛，摩托車避免夜騎

基本上摩托車使用方式都一樣，但要注意的是行進方向，泰國是右駕靠左，如果你有非常好的調整適應能力才租，不然請搭乘大眾交通工具或包車就好。傑菲亞娃必須嚴肅地提醒各位，有許多交通意外正是觀光客不熟悉泰國行進方向造成的，也請不要夜騎，象島晚上僅鬧區燈火通明。

自駕摩托車千萬注意行進方向，西邊往南的道路會出現髮夾彎更要注意

圖片提供：泰國觀光局

Get ready

感受原始之美
挑戰體能極限

靠近束埔寨的象島是泰國的第二大島，也是泰國政府嚴格保護的國家公園，不允許任何的民營開發，因此象島始終保持原始的純樸，並沒有因為觀光客的到來而被過度汙染。

象島周圍海灣環繞，處處可見潔白沙灘、湛藍澄淨的海水，海域有多處極佳的潛水地點，而島上群山環繞，擁有 75% 的熱帶雨林，無論山或海都充滿了自然原始的生態之美，是探險愛好者的天堂。

多元活動套裝行程應有盡有

象島多元活動很能滿足觀光客，例如：釣魚、浮潛和跳島行程。此外，許多度假村也都有出租獨木舟，安排叢林健行、乘船遊覽附近島嶼等服務，可說是包羅萬象。而西海岸四大海灘都設有專業潛水學校，完全能滿足喜歡深潛者的需求。西邊只有一條路，大多數餐館都位於道路上或度假村內，尤其是西邊道路上，Cafe、Bar、餐廳比比皆是，因此除了東邊的海鮮漁村必訪之外，其他的都可以隨興在路邊或是沙灘飯店享用，無論是泰式、西式甚至小吃攤都有，料理味美價錢又合理，一點都不用擔心島上餐點不足所需。

在象島要參加各種動態的娛樂行程一點都不難，西邊主要道路上有不少寫著 Tour Information(旅遊服務中心)，這些商家都有許多一日行程 (Day Tour) 可選擇，例如：出海浮潛、跳島行程或是象島的 City Tour & Tree Top……，尤其是最熱鬧的白沙灘上，連飯店櫃檯都能訂日程，建議大家多參考幾家價錢及套裝行程內容再來決定。

象島
Koh Chang

拋那克島 Koh Phrao Nok

邦包海灣
Bang Bao Bay

勞亞奈島 Koh Lao Ya Nai
勞亞島 Koh Lao Ya
勞亞諾克島 Koh Lao Ya Nok

克倫島
Koh Khlum

威島
Koh Wai

瑪克島
Koh Mak

如島
Koh Rung

庫德島
Koh Kood

享受島嶼活力，
出海跳島趣

象島周圍有52座小島，目前有47座已經和象島一起被規畫
為國家海洋公園，總面積650平方公里。其中429平方公里的
象島是最大的島嶼，象島外圍比較有名的則是遺世獨立的瑪
克島(Koh Mak)及最大的庫德島(Koh Kood)。

跳島
Island Hopping

四面環海的象島就是個大型的海上樂園，任何的海上娛樂、海上活動、海底世界探險……在象島都能做到。沙灘散步、海灘游泳這些是最基本的娛樂，搭木船、大船甚至快艇都沒問題，輕鬆浮潛、盡情深潛也絕對難不倒。

對觀光客來說，海洋與島嶼最好的結合模式就是「跳島」(Island Hopping)，這是一種島與島間來往的旅遊方式，跳島享受每個島嶼帶給人們不同的活力。

象島附近的島嶼眾多，可出海的碼頭有兩個：東邊的沙拉克碧碼頭(Salak Phet)及西邊的邦包碼頭(Bang Bao)，經營出海行程的船公司非常多，不但套裝行程多元，提供的設施也非常齊全。

1.遺世獨立的海島，遠離塵囂的世外桃源 / 2.象島東部沙拉克碧(Salak Phet)是最大的海灣，純樸的漁村生活及紅樹林是其特色 / 3.許多船家的海上活動會從沙拉克碧碼頭上船出發

象島西邊熱鬧的邦包(Bang Bao)碼頭，是觀光客最常造訪的地方，出海回來還能大啖美食，減少移動的時間

選擇有保障店家

　　觀光客要在當地安排海上行程非常容易，基本上在白沙灘或是邦包漁村的船店家都算有保障，大家可以放心安排，好好享受這海洋樂園的魅力。

　　白沙灘：位於象島最熱鬧的白沙灘是觀光客最常活動的區域，接送服務大多是共乘模式，因耗費的時間較長，費用也會比在碼頭店家稍高，預約付款後店家會給張收據，等於是參加活動的車票及船票，店家以收據爲憑證，千萬要保管好。

　　邦包漁村：大部分的觀光客都會到象島最南部的邦包漁村選擇「船公司」包裝的套裝行程來出海，價錢依內容從800～1,000多銖不等。

1.在象島西邊的主要道路上都有不少的旅遊服務中心可以預訂日程，尤其是白沙灘上／2.象島最南部的邦包漁村是觀光客必訪的碼頭／3.行程包羅萬象，五花八門，每家包裝的內容及費用都有些許不同，建議多比較幾家

木船跳島CP值高

　　基本跳島價格大約每人700～800銖（含午餐、礦泉水及水果），船隻大致分爲漁船改裝的日程木船及快艇兩種。

　　木船：大一點的木船上有1～3層甲板和洗手間可容納較多人數，而一般木船就算沒有3層，以容納的人數來看活動空間也算舒適，搭乘起來平穩安全。

　　快艇：快艇基本上需要以包船的方式，價錢自然高，以不同點來計價至少也要7,000～8,000銖起跳，個人覺得搭木船跳島已經能滿足一般觀光客的需求了。

　　整個出海行程大概從09:00到15:00返回碼頭，如果是從邦包漁村出發者，下船後就可以到這裡逛逛市集、吃些餐點，交通很方便。

1.大漁船改裝的日程木船，3層設計，外型亮眼，可以說是觀光船／2.一般的日程木船大約可乘坐20多人，活動空間還算大，乘坐起來也平穩／3.行程進行到中午時，船家會提供簡單餐食及水果，讓大家來個海上的午餐約會

眾多島嶼，威島獨具魅力

　　無論是哪家船公司行程一定會排3～4個小島，由於島嶼太多了，各船家安排不同，但有幾個是最常造訪的小島，像是：威島（Koh Wai）、拋那克島（Koh Phrao Nok），或是勞亞群島（Lao Ya）──勞亞奈島（Koh Lao Ya Nai）、勞亞島（Koh Lao Ya）、勞亞諾克島（Koh Lao Ya Nok），這幾個島都非常有特色值得一訪。

　　不同國家的觀光客齊聚船上熱鬧極了，離開碼頭欣賞海景約40分鐘後便停在一個島嶼前，船家以簡單英文介紹島嶼及指導大家戴上浮潛的裝備，接著就帶著大家在海中游泳，非常優游自在，就算不會游泳也能輕鬆體驗。

　　威島（Koh Wai）距離象島南端約6公里，Wai是泰文藤蔓的意思，這小島約3公里長，最寬處1.5公里，東部有沙灘且珊瑚礁環繞，西部為崎嶇丘陵，內部則被森林叢林覆蓋，島上設有度假村及民宿。種滿檳榔樹及橡膠的威島設有專屬碼頭，也有度假村，下船後經過棧橋就可以走到白淨的沙灘上，清澈的海水令人嚮往，一旁還有淺礁，很適合浮潛，是海上活動必排的小島。

　　離威島約20多分鐘的船程，另有個附設碼頭的拋那克島，外形如新月的小島非常可愛，狹長沙灘突顯與世無爭的寧靜，也是浮潛的好選擇。

1.船停靠了碼頭，走上棧橋不用涉水就能到威島／2.威島沙灘上的南洋椰影最美麗／3.設有碼頭的新月形拋那克島(Koh Phrao Nok)／4.拋那克島潔白狹長的沙灘

純淨海洋，
跳島浮潛好舒活

　　綠色示範島嶼的象島絕非浪得虛名，近幾年來蜂擁而至的
觀光客，在當地人細心呵護、節能省碳的堅持下，至今還能
呈現出最潔淨的狀態，因此呼籲大家一起「注重環保」，維
護這片世外桃源。

潛水愛好者的樂園
Diving Fun

海是象島最大的遊樂園，四周海域有多處極佳的潛水地點，浮潛和潛水的最佳時間是10～5月，清澈無比的海水，水域內許多奇幻的海洋生物，在5～25公尺的海底、能見度7～30米間，讓人可以欣賞美麗的珊瑚礁群。大家只要穿上救生衣，戴上浮潛用具，全副武裝地乘坐大船或快艇前往浮潛地點，然後噗通一聲跳進海裡，就可以盡情地開心玩樂了。

喜歡浮潛的朋友，可以選擇船公司承包快艇前往「Koh Rang區海洋公園」浮潛的套裝行程，一般遊客浮潛的島嶼Koh Rang、Koh Yak Lek及Koh Yak Yai……，這些小島海水清澈，環繞著多采多姿的珊瑚群及豐富的海洋生物，讓遊客們不虛此行。一般快艇承載3～4位客人、價錢約7,000銖起，整個行程大約3小時。

http Explore Koh Chang：explorekohchang.com

1.想要體驗潛水樂趣，依照指示戴上浮潛用具就可以下海玩樂了
2.船家提供簡單的浮潛用具(咬嘴呼吸管及面罩)

沒有經驗也別擔心，工作人員會帶領大家下海浮潛

水肺潛水「潛點」多

　　如果想更深入大海的朋友，也不用擔心，只要你有潛水執照，要在象島進行專業的深潛都不是問題。這裡的潛水組織大多有「PADI」的證書，提供專業的教練及完善的配備，加上象島遠一點的海域都有合法的「潛點」，這些潛點有令人印象深刻的珊瑚礁區域，圍繞熱帶珊瑚礁生物的也非常多，包括藍尖光芒、海鰻、觸發魚、石斑魚和蝙蝠魚……，運氣好還能看見海龜及鯨鯊，非常值得「潛往一試」。喜歡潛水的朋友們，可選擇10～5月風平浪靜且能見度高的絕佳時間。

1.象島有很多規模頗大的潛店 / 2,3.象島有非常多合法的潛點，美麗的生物豐富了海洋
(圖片提供 / 泰國觀光局)

(圖片提供 / 泰國觀光局)

\knowledge/

知識⚡充電站

什麼是PADI？

　　「PADI」是國際專業潛水教練協會的英文縮寫，也是世界級的水肺潛水訓練機構，有此證書才能提供最安全的潛水訓練及最高標準的客戶服務。因此想要來個安全的潛水活動，請務必找有PADI認證的店家才有保障。

邦包碼頭的BB DIVERS潛店

象島最資深的潛水中心：BB DIVERS

　　在象島西部主要海灘區都有參加PADI的潛水中心，其中一家有著可愛魚Logo的「BB DIVERS」可說是最資深的一家。自2003年開業的BB，老闆克里斯是比利時人，因為喜歡上象島就定居在此，開了這家潛水中心，每天都有安排出海課程，大家可選擇潛水、浮潛、PADI水肺潛水課程或Free Dive課程。

　　BB DIVERS除了在白沙灘及邦包漁村有分店外，還特別在兩知名外島庫德島(Koh Kood)及瑪克島(Koh Mak)設點，是個教師專業、課程完整的潛水中心。

白沙灘主要道路上的BB DIVERS潛店

珊瑚礁環繞，
兩大外島趴趴走

象島外圍比較有名的是瑪克島(Koh Mak)及最大的庫德島(Koh Kood)，由於距離較遠，人潮沒有太多，有著遺世獨立的氣質。

（以上圖片提供／泰國觀光局）

庫德島：象島最大外島
Koh Kood

庫德島是距離達叻府本土最遠的島嶼，面積105平方公里是象島周圍面積最大的島，也是泰國的第四大島。周邊有許多島嶼環繞，像是克拉達島（Kradad Island）、瑪克島（Koh Mak）等等。

被珊瑚礁環繞的庫德島上有溪流發源的山川平原、清新的瀑布群及巨大的古樹。除了山上的自然景觀，透明的海洋、美麗的沙灘、迷人的棧橋、純樸的漁村都是探訪重點，每處海灘都有度假村或民宿提供訪客入住，且這裡的度假村大部分會有住房、餐食、交通船的套裝行程，甚至可從羅永府就搭船過來，對觀光客來說很方便。

交通方面可參加象島船公司安排的套裝行程，也可從羅永、達叻府碼頭出發，每家度假村合作的船公司不同。

http Boonsiri High Speed：www.boonsiriferry.com
MAP P.76

可從象島或是達叻府碼頭搭快艇過來庫德島

瑪克島：純樸的檳榔島
Koh Mak

象 島外島中還有個非常有名的瑪克島（Koh Mak），Mak在泰文的意思是檳榔，顧名思義島上種滿了檳榔樹。瑪克島距離達叻府本土約60公里，位於象島東南方，從達叻府過來船程約1小時，百年前中國來的移民最早定居於瑪克島，發展至今居民約2,000多人。

瑪克島面積16平方公里、海岸線卻長達27公里，全島80%是平原，跟附近的庫德島極為不同，大部分種滿椰子樹、檳榔樹及橡膠園，是個十分純樸的島嶼。

島上西部海灣區域有美麗的海灘，想要海釣、浮潛都不是問題，還可以騎單車、散步、划橡皮艇等，運氣好還能看到螢火蟲，喜歡寧靜的朋友不妨來此住上一晚。

ℹ 可參加象島船公司安排的套裝行程，也可從達叻府搭船到瑪克島；船票大約400銖

🗺 P.76

貼心叮嚀

雨季須先確認營業公告

庫德島和瑪克島的雨季、旱季風景差很多，雨季時會因海上狀況停駛船班，度假村甚至不營業，如在雨季5～10月間前往，請務必注意船家及度假村公告。

有檳榔島之稱的瑪克島

瑪克島西部海灣非常美麗，適合海釣浮潛 (圖片提供 / 泰國觀光局)

林中漫步，大象表演伴遊

大象營 Kai Bae Meechai Elephant Camp

✉ 98/1 Moo4, Kai Bae Koh Chang, Trat Thailand ☎ +66 89 936 1149 ◷ 08:00～17:00 💲 依套裝行程不等(800銖起跳) ➡ 搭Taxi或自租摩托車前往，包雙排車車資約200銖 🗺 P.59、107

　　象島青鬱的山巒充滿原始蠻荒之美，深具探險的樂趣。如果喜歡叢林探險及大量芬多精的朋友們，千萬別錯過象島的大小叢林。既然要在叢林遊樂，當然少不了與大象為伍的林中漫步囉！

大象營「Kai Bae Meechai Elephant Camp」

象島有6個大象營地，其中4個在孔拋（Klong Prao）區的路邊，另外2個在卡貝（Kai Bae）海灣及象島北部的內陸山谷。基本上這些大象陣營鐵定是遠離塵囂，風景如畫的好地方，但最受觀光客喜愛的是從酒店出發較易抵達的孔拋區及卡貝區。從卡貝區的主要道路轉進來約100公尺就到了大象營「Kai Bae Meechai Elephant Camp」。這裡的環境很特別，河流及叢林被主幹道劃分了兩種景色，坐擁山景與海景，可說是極占優勢。

可愛破表的大象表演

位於卡貝區的大象營「Kai Bae Meechai Elephant Camp」，非常接近象島知名的喀隆濮（Klong Plu）瀑布，園區中大約有20多頭的大小象，是個很令人喜愛的園地。一到櫃檯先看何時有大象表演，這表演保證可愛的不容錯過，如離表演時間還有1小時，就建議先來體驗叢林騎象。

登高可望見風景如畫的卡貝海灘

1.象群邊走邊玩的穿越樹林，拍照還會露出燦爛的笑容／2.兩人一組的上了象背，開始了叢林騎象／3.可愛的小象開心地玩耍著，看到牠就心情好好啊／4.逗趣的大象表演

騎象拍照打卡體驗

　　兩兩一組的遊客站在高台等待大象，一路上象夫指導大象穩重的往前，大象俏皮的停留片刻也任性的撒撒尿、吃吃東西，待象夫帶領走到「地標」處，牠還會露出笑容與遊客拍照，真是可愛破表，很是有趣。

　　輕鬆自在地讓大象帶著我們穿越樹林往山上登頂，一窺風景如畫的卡貝海灣，捕捉到美景的剎那，感覺好好。

1.象伕與大象們相處甚好 / 2.表演完畢，大象會笑著請客倌打賞

購買自然死亡的象牙製品，照顧象群

　　正當大家努力捕捉美景的當下，象伕會拿出個象牙製品及中文說明，請大家購買這些自然死亡的象牙製品，幫助他們照顧好這些象群，販售行為完全不勉強，所以有不少朋友看到喜歡的飾品又覺得深具意義，就與大象做起生意了。店家以騎大象的時間來分為長程、短程的旅遊行程，收費標準從800～1,300銖，價錢包含從飯店的接送、騎象、大象表演、大象洗澡、水果咖啡等。

可購買這些自然死亡的象牙製品，幫助大象學校照顧更多的大象

滿足探險心，
飛躍叢林冒險

Tree Top Adventure Park Koh Chang

✉Ao Bailan Koh Chang, Trat Thailand ☎+66 84 310 7600 ◷09:00、11:00、14:00三場 $1,250銖起 ➡店家有含來回接送，指定接送區：白沙灘、孔拋海灘、卡貝海灘、孤獨沙灘等 🌐www.treetopadventurepark.com 🗺P.59、108

「飛躍叢林」簡單來說就是利用滑索冒險的一種模式，起源於哥斯大黎加的雨林，當初生物學家們為了「潛入」生態系統，研究棲息在森林樹上的動物們，於是就在大樹上建立平台，並在平台與平台之間拉接繩索，久而久之演變成探險模式。

特色 1：
專家認定的國際標準

　　泰國有不少地方都能來場華麗的叢林跳躍，其中最有名的便是參加「Tree Top Adventure Park」活動，這家公司擁有法國專家認定國際標準，最新的安全系統及專業人員，堅持不砍伐任何樹木，不用任何釘子改變樹木，以繩索串連平台，加上花樣多元的設計，讓叢林探險有了最安全的挑戰，這也是我當初對此項活動非常讚賞的地方。

特色 2：
象島 Tree Top 難度較高

　　目前Tree Top在泰國僅設立了4個點：北碧府、喀比、芭達雅、象島。「Tree Top Adventure Park Koh Chang」於2010年和2013年獲得泰國旅遊局頒發「冒險度假勝地傑出表現獎」；以我的實戰經驗，象島的「Tree Top」擁有的海景山景是不同於北碧桂河的，且難度較高，喜歡探險的朋友值得一試。

特色 3：
可事先預約行程

　　我是從白沙灘的旅遊服務中心預約此行程，每天有09:00、11:00、14:00三場，但11:00這場是沒有接送的服務，其他時段店家會根據飯店位置來決定接送時間。像我選擇09:00這場，入住的是白沙灘北邊的Erwan飯店，因此只能是接送的頭尾站，一早08:00第一個接到，最後一個送回飯店。

　　店家非常準時的在飯店門口等候，司機會索取跟旅遊服務店家繳費的收據，簡單來說認收據不認人，所以千萬保留好收據。

　　沿途停靠好幾家飯店接同一梯的團員，大多是來自歐美或是紐澳，而我是唯一來自亞洲，可見這活動還是西方人比較熱衷。

1.持白沙灘旅遊服務中心預約的收據，在飯店門口等待專車前往 / 2.Tree Top派的專屬雙排車，一路從飯店接送學員到目的地

特色 4：
裝備齊全模擬訓練

象島的Tree Top位於鬱鬱蔥蔥的熱帶森林內，以堅固而健康的樹木建立了40個平台，有繩索橋、搖擺橋、單車、大球……，學員必須不斷從一個平台到另一個平台，從一棵樹到另一棵樹，通過各種原始裝備來平衡自己，才能一關過一關的達到終點。

報到後，按規定完成裝備來到「訓練營」，教練全程英文說明如何使用吊索、鉤環、滑輪、安全帶後，就會讓學員在模擬場地操作幾個重要的環扣及順序，確定都學會操作無誤即正式上場。

1,2.學員要跟著教練學習認識及如何使用工具

特色 5：
兩階段的進階設計

40個平台分為兩個階段，且困難度越來越高，如果第一階段沒有完成，也不要再勉強繼續第二階段。

第一階段是一般能力可應付的，只是有幾個動作會受限於身高限制而減慢速度，尤其是走在繩索或是板塊上會因為體重較輕、步伐較短，頗為飄移，如此狀況在高處會心生恐懼不敢前進。

第一關的終點就是報到櫃檯的起點，店家會準備了些水果、茶水讓大家休息片刻，才開始前往第二階段的高台，如果不敢繼續的朋友們也可以放棄後面的挑戰。

1.第一階段，繩索上的板塊不易保持平衡，須小心一步步踏穩穩抓好重心 / 2.第二階段花樣較多，執行起來也較困難

第二階段是從兩層樓高的吊橋開始，爬上去唯一的通路就是只能容納一隻腳的「繩梯」，此時手腳必須協調地爬上繩梯，才能登上平台。

平台後的關卡越加困難，比如：飛快下降的滑索、泰山盪……，中途學員如無法前進，一旁的教練會重新指導幾個重點及伸展身體的動作，讓學員繼續執行，大家彼此加油鼓勵完成任務，這一路的過程讓人記憶深刻。

吸收滿滿芬多精，
瀑布野營探險

象島中央的山群，不僅能提供野生動物寬闊的生存空間、
維持生物的多樣性，更能淨化空氣、調節氣候、涵養水分、
減輕自然災害，是當地人非常需要且不容破壞的環境。

兩大知名瀑布

全島最高的山是高744米的沙拉克碧（Salak Phet）山，其次則是Chom Prasat和Mai Hom山，群山上覆蓋密密麻麻的熱帶雨林。在這70%熱帶雨林區，眾多山間有大片含水源的「原始森林」，置身其中，就像進入一間超大的熱帶溫室，植物在陽光的照耀下散發著療癒芬多精，瀑布因光合作用製造的負離子讓人有滿滿的正能量。

象島除了豐富的海洋以外，另外極為珍貴就是象島的主要水源「瀑布」，島上約有6個重點瀑布，較知名的是當地居民賴以維生的重要水源喀隆濮瀑布（Klong Plu Water Fall）、有五世皇加持的塔安瑪揚瀑布（Than Mayom Water Fall）、最高的塔隆努安瀑布（Klong Nueng Water Fall）。

象島上有多處瀑布可探險，但真的不是很容易抵達目的地，正如那句俗諺：「越純樸原始的風景，越是需要接受考驗」。

喀隆濮瀑布
Klong Plu Water Fall

⊠Klong Koh Chang, Trat Thailand ☎+66 84 310 7600 ◎08:00～17:00 ⑤200銖(外國觀光客) ➡搭雙排車或自租摩托車前往，包雙排車車資約200銖，有些飯店提供Shuttle bus到瀑布，如：The Gallery At Koh Chang ❶購票時間為：08:00～16:30 ⓂⒶⓅP.59

塔安瑪揚瀑布
Than Mayom Water Fall

⊠Mu Ko Chang National Park Koh Chang, Trat Thailand ◎08:00～17:00 ⑤200銖(外國觀光客) ➡搭雙排車或自租摩托車前往，包雙排車車資約200銖 ❶購票時間為：08:00～16:30 ⓂⒶⓅP.59

1.循著指標步為營的小心前往，約莫20分鐘終於來到第四層／**2.**2015年完成的橋梁和道路，方便訪客深入國家公園區

象島主要瀑布：
喀隆濮瀑布

喀隆濮瀑布（Klong Plu Water Fall）其名字取自拉瑪五世曾作爲休憩所的Phu Pha MekSawan山，屬於保護的國家公園區。由於鄰近熱門的孔拋（Klong Prao）及卡貝（Kai Bae）這兩個海灘，搭雙排車或是騎摩托車從東邊碼頭過來僅10分鐘的車程，因此非常受到遊客的喜愛。

喀隆濮瀑布管理得相當好，小商店、洗手間及旅遊服務中心都在入口處，野餐區、露營區及天然安全措施都規畫周全，像是藤蔓及繩索等也都十分完善，對觀光客來說非常方便。

走進公園，滿滿的芬多精瞬間讓人精神百倍，無論是在地人或是觀光客都能盡情享受大量的負離子。循著指標慢慢往瀑布方向走去，這一路上並不輕鬆，都是石頭及泥土，所有的輔助工具都是天然藤蔓及繩索，極爲原始，如果是雨季前往更要小心。徒步約600公尺終於到瀑布區，這個瀑布是一個3階的大型瀑布，也是當地居民長久以來賴以維生的重要水源，很適合游泳和露營。看著穿著比基尼的洋妞及身材壯碩的陽光男孩，在瀑布邊戲水、跳水，好不歡樂，眞是清新又熱鬧的畫面。

無論是男孩女孩；當地人外國人都玩得不亦樂乎

1.公園管理很好，入口處有小商店、洗手間及旅遊服務中心 / 2.天然藤蔓加繩索就是我們往上爬和往下走的輔助工具 / 3.這瀑布也是當地居民非常重要的原始水源

五世皇加持：
塔安瑪揚瀑布

象島的東邊較少有觀光客前往，但這區風景稱得上「山明水秀」，在碼頭附近的國家公園Mu Ko Chang National Park內，有個非常有名的塔安瑪揚瀑布（Than Mayom Water Fall），它是一個4階的中型瀑布，周圍布滿原生態雨林，瀑布一瀉而下，形成一個大水池，非常壯觀。

走入塔安瑪揚瀑布，前面一段路因為有2015年完成的新橋梁及道路，都還很算輕鬆，但來到河床要繼續往前時，就真的要手腳並用，這會是一段是最令人難忘的「旅程」。園區以保持最原始的狀態，利用天然環境架設纜繩，讓訪客可以維持重心溯溪到對岸，如雨季前往一定要注意踩上石頭的每個腳步，以免滑倒。

小心翼翼地踩著清涼的溪水，抵達第四層時會看到一個大石頭，上面有五世皇親筆簽名的「寶石」，據說第五皇和第七世皇都分別在不同的岩石刻字，所以這瀑布對泰國人來說更加重要。來到瀑布前的水池，十幾米深的溪水非常清涼，看到水裡游來游去的魚兒，好自在好快樂，環顧四周大口吸著芬多精，剛剛探險的疲憊都一掃而空了。

瀑布前的水池，是魚兒們最愛嬉戲的地方

1.2015年完成的橋梁和道路，方便訪客深入國家公園區／2.這顆大石頭有五世皇的簽名／3.4階的中型瀑布，據說雨季時水量極為豐沛

西部海灘
五大區域

象島擁有獨特的地理環境，四面環海卻有山脈，中央群山把象島隔成東西海灘，遊客們最主要活動的區域在西邊，由北到南大致可分為：白沙灘 (White Sand Beach)、孔拋海灘 (Klong Prao Beach)、卡貝海灘 (Kai Bae Beach)、孤獨沙灘 (Lonely Beach)，及最南部的邦包漁村 (Bang Bao) 等 5 區，東邊沙拉克碧 (Salak Phet) 區有最大的海灣及原住民的漁村。

西部的主要幹道則是 Rural 路，這條柏油路貫穿了象島南北，緊鄰著海灘，將西邊這幾區的海灘串連了起來。有不少度假村就在海灘旁，因此要從飯店出發到西邊海灘的景點或飯店，只要循著這條路從北到南皆可抵達。

1

白沙灘
White Sand Beach

位於鬧區 地理位置佳

白沙灘（White Sand Beach）是距離渡輪碼頭最近、最熱鬧的沙灘，沿著海灘道路兩旁，餐廳、酒吧、商店、便利店，甚至旅遊服務中心應有盡有，很是方便，趙薇和黃曉明的《中餐廳》節目正是在這裡拍攝。由於地理位置非常好，一般觀光客都會選擇入住此區，因此房價也稍高些。

白天的白沙灘上盡是一片愜意，旅人們踩著平坦的沙灘、盪盪鞦韆、吹著海風，看看一旁浪漫的戀人，嬉戲的朋友，好舒活；抬頭一看白雲朵朵，海闊天空，如此的寫意人生，好舒服。

晚上的白沙灘則熱鬧非凡，各家餐廳點起了營火、插上了彩旗，一旁的Live Band揚起了嘹亮的嗓音，熱鬧非凡，不同的功能也讓沙灘自動分了區域，沙灘上或坐或躺的遊客，有的抽著水煙，有的忙著選海鮮，三五好友一起享用泰國美食，吹吹海風，真是快活。

如果想看沙灘火舞表演的朋友，就到「Sabay Bar」或「Sea Bar」餐廳，每天的兩場火舞表演可說是白沙灘晚上最有娛樂效果的演出，不過這裡的海鮮餐費用就會相對高一點，但能邊享受美食邊欣賞火舞也是值得的啦！

◉ 搭Public Taxi在白沙灘Sabay Bar下車 MAP P.97

1.可在海鮮船挑選喜歡的菜色請店家烹調，務必先問清楚價錢／2.沙灘上知名的Sabay Bar在主要道路上的門面造型奇特，已成為大地標／3.每天固定兩場的火舞表演不容錯過(時間視店家安排而定)

白沙灘地圖

KC Grand Resort & Spa海邊區	KC Grand Resort & Spa山區
7-11	
BB Divers	The Erawan Koh Chang
Sang Tawang Resort	
Sun & Soul Restaurant	Buffalo Bill Steak House & Hotel
Sabay Bar	Princess Thai Massage
Mac Resort	White Sand Princess Hotel
	AP Super Store
	BUA SPA
	Bangkok Bank
Findig	
	夜市區
Sea Bar	Piatto Ricco Restaurant
Koh Chang Lagoon Resort	Kacha Resort

白沙灘
White Sand
Beach

Rural Rd

2

3

華人廟宇象王廟
Chao Po

1.百姓們會在大象腳邊供奉各式各樣的供品／2.東部碼頭一下船，搭雙排車進入西部主要道路上，約10分鐘就會到象王廟／3.象王廟是當地人的中心信仰，香火鼎盛(圖片提供／吳東峻)／4.白沙灘主要道路上餐廳、商店、SPA店應有盡有，是觀光客最常逗留的區域／5.白沙灘什麼都有賣的AP Super Store

從象島東部碼頭轉入西部白沙灘的第一站是一座華人廟宇象王廟（Chao Po），泰文的意思是「神聖的父親」，這位「父親」是當年Khon Kard民族的救世主，也可以說是象島的守護者。

象島居民一向以海維生，而過去的航海技術非常簡陋，當天候不佳、季風惡劣時，漁民都能因為救世主的庇祐，在絕望中獲得一線生機。由於有許多神蹟事件傳開，於是象王廟使當地人越來越信賴，甚至收成不好、生病及其他疑難雜症都到象王廟祈求順利、保佑平安，可以是說當地的信仰中心。

過了象王廟開始的白沙灘區可說是最先開發且設施最完善的區域，飯店度假村、連鎖便利店、商店賣場、大大小小的餐廳酒吧、SPA按摩店、藥店、銀行及貨幣兌換處……應有盡有，長2公里的白沙灘可以說是象島的市中心，也是觀光客日夜報到的好地方。

白沙灘Sabay Bar到Sea Bar一帶是象島最為繁華的地段，被稱為「鬧區」。除了有7-11等超商外，小商攤、服飾店更是鱗次櫛比，所有沙灘用品及熱帶風情的飾物，樣樣皆有，花色繁多，價格也非常便宜，可說是購物的黃金戰區。

而主要道路上有很多旅遊服務中心(Tour Information)都提供許多日程(Day Tour)可選擇，像是：出海浮潛、跳島行程，或是象島的City Tour及Tree Top……，基本上象島有的行程在這都能找得到，三步一小店五步一大店的，連飯店櫃檯都能訂日程。

除了日程之外，想要租個摩托車環島或是代步，也能在白沙灘上找到適合的店家，建議大家多參考幾家價錢及套裝行程內容。

傑菲亞娃在白沙灘花1,200銖預約了「Tree Top」的冒險行程，查看店家牌價有1,100銖，加來回交通費150銖共1,250銖，比白沙灘上預訂的價錢還多出50銖，查了各家的價錢發現有些差異，所以也請大家多比價。

總之，在白沙灘的店家預約日程，完善的安排令人放心。

1.沙灘用品、泳裝、飾品，五花八門什麼都有／2.島上有不少販售日程的商家，建議找大一點的門面或說英文的店家購買行程／3.租摩托車非常容易，行情大約每日200～250銖／4.在白沙灘主要道路訂的日程有含飯店來回接送很方便／5.大大小小的旅遊服務中心販售著各種日程

夜市一條街

1.這攤可厲害了，炭烤豬肉、雞腿、排骨、豬頸肉什麼都有，選好烤肉老板還會配上生菜及沾醬，太美味了／2.這樣的便當一個才50銖，不但當地人喜歡買來當晚餐，觀光客更喜歡嘗嘗平價的國民美食／3.大約5點半攤販便陸續出來擺攤，一到晚上，燈火通明的一條小吃街就非常明顯／4.抹上鹽巴的烤魚，保有魚肉的鮮甜，這麼大一條最適合呼朋引伴一起享用／5.有不少現做的泰國傳統甜點，好吃

在象島吃膩了餐廳，不妨換個口味來逛小吃攤。白沙灘的「夜市一條街」有各式各樣的國民小吃，便宜又美味，超對胃的。

每天一到黃昏時刻，商家就會陸續出來擺攤，從白沙灘Findig百貨公司的門口開始，一路綿延到Sea Bar，大概1.5公里的距離上，有許多道地的國民小吃，像是：烤肉、海鮮、玉米、米粉餐車、果汁調酒，甚至還有現炒的便當……，價格非常便宜，無論是當地人或觀光客都很喜歡來這裡解決晚餐，常看到一群人呼朋引伴買了一大堆小吃回飯店享受，這也算是象島白沙灘上的另類風情吧！如果不想找餐廳，來夜市大啖小吃，真的很不錯喔！

傑菲亞娃住在白沙灘的兩天兩夜中，很喜歡白天走完日程，黃昏走在沙灘上，看著戲水的人們，溫著鞦韆的戀人，總是浪漫爆表。晚餐時間選家氣氛餐廳吃吃海鮮，或是到夜市嘗嘗道地小吃，大大滿足旅人們的味蕾。

　　白沙灘馬路上的SPA已經到了櫛比鱗次的地步了，療程多、花樣多，最重要的是比曼谷便宜很多。

　　如此多的SPA店如何選擇呢？傑菲亞娃通常都會先試試腳底按摩的療程，大概知道按摩師的技巧及店家的環境。象島的腳底按摩從200銖起跳，均價大概是250銖，基本上跟曼谷差不多，但是這裡的精油按摩就真的是太超值了，一般店家大概1小時300銖，看使用的精油來定價，好一點的精油可能就多個100銖，技巧算是水準內。

　　簡單來說，在象島一般精油按摩跟腳底按摩的價錢都差不多，找到好的店家，是真的可以花少少、做多多地好好享受泰式按摩的樂趣。

Princess Thai Massage

　　Princess Thai Massage是我最常去的店家，環境好、價格又超便宜的，白天曝曬走行程後，好好做個整套SPA（300銖精油按摩+300銖做臉，各1小時）真的是太完美了！

1.這一排建築物內有比較大型的SPA店，極力推薦／2.療程多元且價錢都有一定的行情價／3.路邊SPA店家營業時間較長／4.美髮、美甲甚至美睫都有，滿足女孩們的各種需求／5.簡單布簾隔出一床床的位置

Princess Thai Massage
- 9/8/8 Moo.4 Hadd Sai Khao, Koh Chang, Trat Thailand
- +66 87 916 3084
- 09:00～22:00
- 200～600銖
- 搭Public Taxi在白沙灘 Sabay Bar下車，步行約2分鐘
- MAP P.97

BUA SPA

102

1,6.AP Super Store內有BUA SPA / 2,7.整個環境從櫃檯到房間都很有設計感，是白沙灘上最豪華的SPA店 / 3.1樓右側有腳底按摩椅及接待區 / 4.上2樓的夢幻樓梯，很好拍照 / 5.常推出優惠活動，打5折很誘人

BUA SPA
- ⊠ Ap Superstore 2nd floor Hadd Sai Khao, Koh Chang, Trat Thailand
- ☎ +66 62 694 9624
- ⏱ 11:00～22:00
- 💲 500～1,500銖
- ➜ 搭Taxi在白沙灘Sabay Bar下車，步行約2分鐘
- 🗺 P.97

如果想要找較具規模的SPA店，大家可以試試白沙灘AP Super Store內的「BUA SPA」，據傑菲亞娃觀察應該是白沙灘上規模最大的SPA。

這家是近期新開的SPA店。斗大的AP Super Store招牌矗立在白沙灘馬路上，讓人很容易找到「BUA SPA」，大大的霓虹階梯讓BUA SPA很有夜店的感覺，內部裝潢的確豪華許多，無論是壁飾擺設或是櫃檯都是設計過的，療程也較為多元，但費用就真的比較高了。我選擇1小時的精油按摩500銖，雖然比一般小店家貴，但是這樣的規模也算是合理啦！

孔拋海灘
Klong Prao Bach
度假飯店新興區

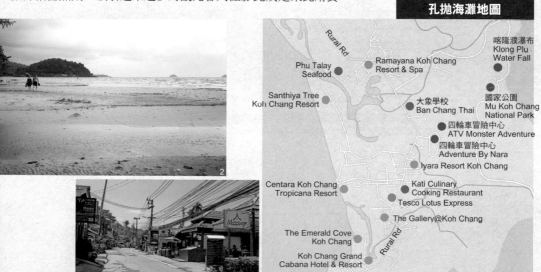

從白沙灘往南，緊鄰的就是島上第二大海灘──孔拋海灘（Klong Prao Bach），約3公里長的海灘非常特別地被河口分為北邊的Klong Phu瀑布及南邊海灘兩個部分。背面山林有幾個大象營及ATV店家，發源山上的兩條河流圍成潟湖造就了紅樹林，因此不但有豪邁的海景，更有著原生態的清新。除了可在大海上划獨木舟，也能搭長尾船穿梭河流上探訪紅樹林，可以說是觀光資源相當豐富的區域。

由於緊鄰著白沙灘，地利之便讓這裡成為度假飯店新興區，無論是沙灘上或是主要道路上，都有著無數大大小小的度假村和民宿，有的甚至有山崖海景，很是美麗。

除了飯店，其他像特色咖啡店、美食餐廳、商場，都把這個區域點綴得相當熱鬧，吸引越來越多的觀光客入住於此或是來此用餐。

搭Public Taxi在孔拋海灘下車 MAP P.103

1.孔拋海灘美麗夕照／2.孔拋海灘較為幽靜，人不多是件好事／3.孔拋海灘的主要道路上雖沒白沙灘熱鬧，但還是有很多店家

孔拋海灘地圖

Rural Rd

Phu Talay Seafood

Ramayana Koh Chang Resort & Spa

喀隆渡漠布 Klong Plu Water Fall

Santhiya Tree Koh Chang Resort

大象學校 Ban Chang Thai

國家公園 Mu Koh Chang National Park

四輪車冒險中心 ATV Monster Adventure

四輪車冒險中心 Adventure By Nara

Iyara Resort Koh Chang

Centara Koh Chang Tropicana Resort

Kati Culinary Cooking Restaurant
Tesco Lotus Express

The Gallery@Koh Chang

The Emerald Cove Koh Chang

Koh Chang Grand Cabana Hotel & Resort

Rural Rd

Phu Talay Seafood

1.晚上與白天有不同的美／2.餐廳是沿著水岸設置，穿梭其中的船隻點綴了這頁風景，晚上還能搭長尾船夜訪紅樹林／3.內部藍白設計明顯的希臘風格／4.來到此必吃海鮮

Phu Talay Seafood

- 4/2 Moo. 4, Klong Prao Beach, Koh Chang, Trat Thailand
- +66 39 551 300
  081-863-9213
- 09:00～22:00
- 100～450銖
- 騎摩托車(日租250銖左右)或是租雙排車前往(從Klong Prao主要道路上前往約200銖)
- P.103

在孔拋海灘有一家「Phu Talay Seafood」餐廳，正是位於此區淡海水交界之處，擁抱著河岸的藍白希臘建築，水岸河景沒有海景的熱鬧卻有著隱密的嫻靜，在此享用道地的泰式料理，又能欣賞美景，真是氣氛滿點、食物正點的大滿足啊！

從孔拋海灘的Central度假村轉入約莫10分鐘就到餐廳了，Phu是泰文螃蟹的意思，Talay是泰文海鮮的意思，這樣就不難了解這是一家泰式海鮮餐廳了，觀光客大部分都是叫雙排車或是自行騎摩托車前來，交通非常容易。

餐廳的門面就像是一般住宅的庭院，藍白顏色打亮了純樸的木頭設計，進入餐廳注意力很快被河畔風光奪去，我們順著自己的眼睛直接走到最接近河畔卻不曬太陽的餐桌坐了下來，一陣涼風吹來好不快活啊！基本上這家餐廳很國際化，無論海鮮或是熟悉的泰國道地料理，不但能保有泰國傳統特色也順應觀光客的喜愛微調。值得一提的是店家提供搭乘長尾船夜訪紅樹林的服務，預約後晚上7點來此集合，每人100銖，就能搭船夜訪紅樹林了。

Kati Culinary Cooking School & Restaurant

從 The Gallery@Koh Chang飯店走到對面的Kati Culinary Cooking School & Restaurant不到300公尺，非常方便。我們在孔拋海灘踏沙看夕陽後便走來Kati，遠遠就看到門面可愛的Kati裡裡外外都是人，入內幾乎都是西方人，亞洲面孔並不多。好不容易我們等到邊邊的4人餐桌，一坐下來環顧四周，發現餐廳的布置雖然簡單卻帶些微時尚，餐具也頗為典雅，是個用心設計的餐廳，且店家還提供料理教學課程。

2005年開始營業的「Kati Culinary」是由一位媽媽及兩位女兒共同經營的餐廳。聽說這位媽媽非常會做咖哩醬，也認為食物最好能以醬料來提出原味的鮮甜，簡單料理是最好的方式。餐廳只能容納40人，因此常常高朋滿座，五花八門的菜單有照片有英文，點起來一點也不費力，由於觀光客多，服務生多半也能以流利的英文溝通，完全沒有距離。

傑菲亞娃與友人大部分點的都是泰式料理，除了單點餐食外還有不少套餐可選擇，其中連香茅都一起炸的炸雞翅，獨特的風味好吃極了，另外香米飯還有可愛小熊或是心形圖案，非常有趣，最後店家自製的冰淇淋也千萬別錯過喔！

1.餐廳不大只能容納40人，後面的廚房滿大可安排料理教學 / 2.Kati位於孔拋的主要道路上 / 3.連香茅一起炸的雞翅風味獨特 / 4.綠咖哩椰奶雞，味道恰好，適合觀光客 / 5.一到晚上常常一位難求

Kati Culinary Cooking School & Restaurant
✉ 48/7 Moo. 4, Klong Prao Beach, Koh Chang, Trat Thailand
☏ +66 39 557 252
🕐 09:00～22:00
💲 150～400銖
➡ 距離The Gallery At Koh Chang大馬路上往北200公尺處
🗺 P.103

卡貝海灘
Kai Bae Beach
欣賞日落的絕佳地點

MAP P.107

1.全象島欣賞日落最好的地方
就在這裡 / 2.以前這裡是最早
的民宿區

從孔拋海灘繼續往南就是卡貝海灘(Kai Bae Beach),這個地方是當地住家最早開放給觀光客入住的區域,簡單來說就是Home Stay,因此有不少便宜民宿或是經濟飯店。

相傳象島最早的移民來自大陸南部,當時定居的地方是島嶼東南部的沙拉克碧海灘(Salak Phet Beach),幾代之後男生擁有能種植的土地,而女生則只能往貧瘠的卡貝海灘。

1980年代有不少歐美背包客來到象島,當時海灘附近沒有任何家庭願意讓他們免費住宿或每晚收費20銖收留他們,只有卡貝海灘才有家庭願意提供房間,爾後背包客的口耳相傳,讓象島上的第一批民宿在此區設立了。

不大的卡貝區沒有太多人潮很是幽靜,選擇入住此地的觀光客都期待能獨享靜謐的海島風景,悠閒地踏踏水,過著與世無爭的日子。主要道路上除了旅遊服務中心及Big C,還有不少的Bar和小餐廳,在這可以喝杯啤酒、吃點便宜的食物,跟老闆閒話家常,享受

與當地人的簡單生活也是種快樂。

　　從主要道路一路往南開，會發現地勢越來越高。卡貝海灘全年適合潛水，在5～25公尺的海底就能看到五彩斑斕的珊瑚礁群及豐富的海洋生物，極為美麗。

　　這裡擁有無敵的懸崖海景，當地人發現一個全島欣賞日落的絕佳點，就設立了「Kai Bae Beach View Point」指標，就在主要道路上，非常好找，不少觀光客慕名而來，捕捉日落的絢麗，拍張美照或是準備明信片投入信箱寄給遠方的朋友。

3.卡貝海灘主要道路往南爬上不久就是知名的觀景處／4.大大的Trat可以說是明顯地標／5.往上爬有一段小的登山步道／6.全象島欣賞日落最好的地方／7.旅遊服務中心、餐廳酒吧都有／8.Public Taxi會停在旅遊服務中心處讓乘客上下車／9.象島表徵性的郵筒

卡貝海灘地圖

卡貝海灘
Kai Bae Beach

Rural Rd

大象營
Kai Bae Meechai
Elephant Camp

Kai Bae Beach
View Point

Sea View Resort
& Spa Koh CHang

Siam Bay Resort

孤獨海灘
Lonely Beach
背包族的天堂

MAP P.108

1.沙灘上特別放鬆的日光浴／
2.主要道路越往南越蜿蜒，往
孤獨沙灘出現的髮夾彎／3.有
不少便宜又好的民宿或飯店

108

象 島西邊越往南人越少越純樸，往南的主要道路也變得蜿蜒，這一區就是孤獨海灘（Lonely Beach），如自駕或騎摩托車一定要小心。

這裡的海流較為險峻，珊瑚群也較多，南洋椰影風情萬種，有不少建在椰林中的民宿和小茅屋。住宿很多沒有空調，只有風扇，浴室大都是公用的，整個建築不但原始也很環保，像是樹屋類。

孤獨海灘吸引許多背包客的原因，除了房價非常便宜外，最主要是能體驗未經改造的海島風情，感受返璞歸真的旅遊生活。

雖說這裡有不少經濟型的民宿，但因為環境優美，使得不少投資者在此興建豪華度假村，觀光客一多附近的店家就越來越多，在沙灘以南的路邊區域有各式各樣的小酒吧、餐館及潛水學校，最特別的是這裡有「紋身一條街」，一整排十多家店的紋身藝術家都集中在這裡，已經成為當地特色了。

孤獨海灘地

● Nest Sense Resort

孤獨海灘
Lonely Beach

● Tree Top
Adventure Park

Rural Rd

樹屋度假村
Tree House Cottages

● Chivapuri
Beach Resort

邦包漁村
Bang Bao
Pier
P.109

● Nirvana Resort

邦包漁村
Bang Bao
人文風情的漁村代表

　　四面環海的象島最大的兩個漁村分邊是西南的邦包漁村（Bang Bao）及東南邊的「Ban Salak Petch」，為何居民會在這兩個海灣聚居一起成為漁村，當然是因為地理環境的優勢。

　　邦包是位於象島最南邊的漁村，瀕臨邦包海灣，從百年前這海灣就是漁船躲避季風侵襲最好的避風港，因此居民便在此把石柱打入海中，並在石柱上建造房子，方便出海及照顧漁船。久而久之，房子多了便蓋起棧橋把整個村莊連在一起，形成一片海上住宅區，也成了現在觀光客必訪的觀光漁村。

　　邦包海灣因環境優勢，清澈海域有著廣大的珊瑚群，天然的岩壁點綴了這片藍天碧海，非常適合海上日遊，加上從邦包漁村碼頭往南到象島的兩個知名外島庫德島（Koh Kood）、瑪克島（Koh Mak）極為方便，所以碼頭有不少推廣各式各樣海上行程或是海底活動的「船公司」，觀光客可視個人需求訂定行程。邦包漁村內大大小的船公司櫃台少說有10多家，建議人家看清楚套裝行程的內容再比價錢，跳島有一定的行情約800～1,200銖，人數

MAP P.109

1.當地居民把房子建在石柱上，成為一片海上住宅／2.穿過牌樓就開始逛邦包漁村／3.邦包海灣是漁船最好的避風港

包漁村地圖

潛水店
Scubadawgs Koh Chang Dive Center

印度飛餅小吃攤
Rotti Bao

7-11

邦包海灘
Bang Bao Beach

醫療中心
Bang Bao Health Promotion Center

邦包漁村
Bang Bao Pier

Rural Rd

El Greco Lounge Bar
Greek Restaurant

泰式海鮮餐廳
潛水店 BB Divers

Chow Lay Seafood

Buddha View

ang Bao Cliff View

Bang Bao Bay Resort

1.很多泰式料理及海鮮餐廳／2.邦包漁村眾多船公司提供多元出海的行程／3.棧道上的木屋民宿別具風格／4.兩旁店家販售各式各樣的商品／5.入口處這家印有中文「印度飛餅」的香蕉煎餅，有很多口味可選擇／6.老板堅持現點現做，所以大概要等5分鐘才能享受美味／7.加煉乳的香蕉煎餅一份40銖

ROTTI BAO
🗺 P.109

多一點還能跟店家稍稍商議些優惠，總之多看兩三家的海上行程做比較，較為妥當。

好逛好買好吃的邦包漁村

觀光客一多，海上住宅區也就進而發展成為商圈了，穿過牌樓就能感受到人聲鼎沸，兩旁的商店販售著各式各樣的紀念品及南洋服飾，一家接著一家看得目不暇給，好吃的餐廳也都交錯在棧道上，很是熱鬧，而沿海排列的木屋民宿也為漁村添加了不少亮點，這裡絕對是個能逛能買、能吃能住，還能感受當地人生活方式的好地方。

邦包漁村有不少特色餐廳及咖啡廳，傑菲亞娃大力推薦入口處的ROTTI BAO印度飛餅，就是香蕉煎餅，餅酥脆香、蕉甜，特好吃；而餐廳則鍾情「Buddha View」，這是我每次造訪象島都要來回味的一家餐廳。

Buddha view

邦包漁村

位於邦包漁村末端，這是一家比利時人開的餐廳，是傑菲亞娃相當喜歡的，每次造訪象島都要來回味一番的餐廳。從不起眼的入口走進「Buddha View」，立馬看見熱帶海洋的全景，架在水上的平台正是用餐的區域。穿著拖鞋入內，我習慣地往中間的坐墊區前進，因為這區的桌子下是挖空，綠色的海水直接反映在桌子的玻璃上，腳丫子還能在海上晃來盪去，多特別啊。

水上餐廳的佳肴一點都不馬虎，一樣的泰式料理卻多了老闆對泰式美味的期待，也就是西式、泰式稍微混搭的感覺，在海上木屋有著這樣的美食，值得大家一試。

不過在「Buddha View」用餐，千萬要練好功夫，別沉醉在美食美景中，一個不小心東西會掉入海裡，尤其是手機，那就煞風景啦！

「Buddha View」不只是水上餐廳也是水上屋，這裡還提供住宿，房間雖小，情境卻是滿分，且工作人員都受過專業的訓練也能說上幾句英文，很適合度蜜月的朋友。

1.晚上來更有氣氛，海上繁星點點好美 / 2.白天黑夜兩樣情 / 3.十足海上屋餐廳，雙腳還能在水面上晃來晃去 / 4. Buddha View有提供住宿 / 5. 隨著指標往右邊棧橋轉入就看見Buddha View

Buddha View
- ✉ 28 Moo 1 Bang Bao Pier Ko Chang, Trat Thailand
- ☎ +66 3 6558197
- ◷ 08:00～17:00
- ฿ 每道菜約120～250銖
- ➲ 搭Taxi或自租摩托車前往到邦包漁村，包雙排車車資約200銖
- 🌐 www.thebuddhaview.com
- MAP P.109

東部
沙拉克碧區

位於象島最南端的沙拉克碧 (Salak Phet)，群山圍繞、水源瀑布擁有令人驚嘆的自然景觀。百年前來自大陸的第一批移民就是在此落腳，居民們以農業及打漁維生，是個傳統的小漁村。

在印度支那戰爭期間，法國海軍試圖再次占領達叻府，於 1941 年 1 月 17 日在象島爆發法泰戰爭，海軍戰火襲擊的正是沙拉克碧海灣。還好當年泰國海軍成功地驅逐了法國海軍，才沒有被法國再次統治，因此每年 1 月 17 日都會舉辦活動，紀念當初海戰犧牲奉獻的將士們。

象島從東邊 Sapparot 碼頭往南，沿東部海岸線就能前往 Salak Phet。沙拉克碧是象島最大的海灣，有多處碼頭停靠著大小漁船，是最佳的天然停泊區。

沙拉克碧漁村
Ban Salak Phet
充分展現漁民純樸生活

象島東部沙拉克碧海灣最大的兩個漁村分別為Ban Rong Than與沙拉克碧漁村（Ban Salak Phet），多數村民都是從事捕魚業。大部分遊客都會錯過東部，因為這裡沒有完善的旅遊設施、沒有太多值得觀賞的景點，但傑菲亞娃覺得雖沒有西邊的熱鬧，卻充分表現當地漁民純樸的生活，村民的笑容不正也是一頁美麗的風景嗎？

村裡還有一座典型的泰國寺廟「Wat Salak Phet」，不是印象中的金碧輝煌，卻也是當地人的精神指標，可順道看看。

象島是泰國政府推廣「綠化環保觀光」的示範島嶼，島上的綠色天然資產非常豐富，其中河口與海口交會的紅樹林區更是需要好好認識與進行維護的傳承工作。

紅樹林是種很有趣的植物，例如：它有胎生、呼吸根、支撐根等特殊演化，且紅樹林有它一定的作用，維持濱海濕地的豐富生態，還有防風、抗海潮侵蝕等功用，簡單來說，熱鬧豐富的紅樹林好處多多啊！

1.村民信仰中心Wat Salak Phet是典型的泰國寺廟／2.沙拉克碧漁村位於紅樹林旁的The Mangrove Hideaway度假村／3.河口與海口交會的紅樹林非常珍貴

東部沙拉克碧區地圖

沙拉克角紅樹林
Salak kok Mangrove

沙拉克碧寺
Wat Salak Phet

沙拉克碧紅樹林步道
Salak Phet Mangrove Walk

Salakphet Seafood & Resort

Island View Resort & SPA

沙拉客碧紅樹林步道
Salak Phet Mangrove Walkway

1.沙拉克角紅樹林自然教育中心深入紅樹林的棧橋步道，來回約1公里／2.水筆仔最佳的生長環境／3.純樸的村子裡有個很大的紅樹林／4.整片的綠樹很壯觀／5.沿途須小心，許多棧板已掉落，慢慢走到棧橋終點，就能看見大海了

Salak Phet Mangrove Walkway
◎ 09:00～17:00
➡ 搭Taxi或自租摩托車前往到Salkphet漁村，包雙排車車資約200銖
🗺 P.113

象島東部沙拉克碧因特殊環境，在沙拉克角（Salak Kok）村的紅樹林公園，據當地人說：2004年泰南發生海嘯時，四處都有或多或少的破壞痕跡，但沙拉克角（Salak Kok）因為有紅樹林保護了這片土地，這也讓政府發現沿海防禦對抗自然變遷的重要性。

泰國寺廟「Wat Salak Phet」附近約600公尺的地方有個「沙拉克碧紅樹林步道」（Salak Phet Mangrove Walkway）。進入紅樹林區前會先經過當地居民的住宅區，房子都是沿著紅樹林周圍的水道而建，呈現真實的純樸生活。紅樹林步道入口很低調，要不是有指示牌，根本不知道路的盡頭可以轉入這番美景。入內便可踏在水上步道，這步道是由混凝土支

柱架上木板建構而成的，一路往前走，兩旁都是紅樹林，走到底就能看到海景，來回約1公里的漫步，可以發現紅樹林特有的生物及植物，也算是另類的旅遊收穫。

沙拉克碧海鮮餐廳
Salakphet Seafood & Resort

東邊主幹道一路往南，隨處可見小木屋的鄉村景色，是釣魚的好去處，既然漁獲量豐富，那當然會有好的海鮮餐廳囉！

「Salakphet Seafood & Resort」是個位於Baan Rong Than底端的海上屋，除了度假村外，最有名的還是老字號的海鮮餐廳「Bann Salak Phet」，非常受到泰國人的喜歡，提供的漁獲不但新鮮種類也多，加上特殊料理方式及獨家配方醬料，像是：炒蛤蜊、大炸魚、扇貝……，味美好吃，連生魚片都相當特別，來此用餐絕對可以享受一場豐富的「海味饗宴」。

若入住此，度假村有提供住房搭配餐食的套裝行程，這裡景色怡人，海風徐徐，餐廳一旁的水上屋更點綴了畫面的美，在此用餐，佳看好、風景好，心情就會好。

1.Bann Salak Phet是座結合海上屋的度假村 / 2.大顆顆鮮甜的生蠔 / 3.度假村旁附設的海鮮餐廳 / 4.這是家泰國人非常喜歡的餐廳，吸引不少慕名而來的饕客，用餐環境十分浪漫 / 5.尚青的海鮮很便宜，一定要多吃點

Salakphet Seafood & Resort

✉ 43 Mu 2 Tambon Amphoe Ko Chang, Trat Thailand
☎ +66 39 553 099
🕐 08:00～20:00
💲 150～400鉄
➡ 搭Taxi或自租摩托車前往到Salkphet漁村，包雙排車車資約200鉄
🌐 kohchangsalakphet.com
🗺 P.113

象島住宿推薦

在象島這個與世無爭卻未被人遺忘的世外桃源，豐富的海上樂園或是叢林探險絕不是旅人們最依賴的享樂，這裡大大小小的度假村或飯店才是慢活象島的重要元素。

嚴格來說，象島並非新興的觀光島嶼，早在 1980 年就有不少觀光客前往，尤其是歐美人士特別喜歡這種遺世獨立的度假 Fu，加上泰國人也非常喜歡到象島遊玩，因此象島觀光元素可說是非常齊全。

山海組成的絕美景致，處處可見湛藍大海、柔軟細白沙灘及鬱鬱蔥蔥的森林，這些遠離文明的樸實氣息充斥著象島。特殊的地理環境兼具海景、夜景、山景，讓象島無論是星級飯店、豪華度假村、精品酒店，甚至建立在沙灘上、海上、樹上的絕妙度假村，絕對能滿足旅人多元的需求。

選定喜歡的住宿，一定要盡情在度假村或飯店享受象島的慢活，比方說，沙灘躺椅上看看書聽聽音樂、泳池海邊戲水玩樂、喝喝調酒發呆……，除此之外不少飯店都還有代為安排出海或是其他日程的服務，基本的吃喝玩樂都能在飯店搞定就對了。

The Erawan Koh Chang
地段好的經濟型飯店

「**T**he Erawan Koh Chang」距離白沙灘（White Sand Beach）僅200公尺，附近熱鬧非凡不在話下，無論是預訂日程的旅遊服務店家或是SPA餐廳小吃，都非常方便。如要搭乘主道路的Taxi，可在飯店門口或是對面等候，是家享有地利之便的飯店。

位於主道路上的Erawan，Lobby有緊挨著山邊的休憩區，頂樓泳池不大，但因爲同時能看到山景及海景，呈現出小巧的氣派，水面反射山景的翠綠，加上天空的藍白成了最美的拍攝背景。

飯店共有34間房，大致分爲：標準房、山景豪華房（兩張床）、豪華房及特大家庭房等等，每間客房均配有空調、平板電視和水壺，提供浴袍、拖鞋和吹風機及免費的Wi-Fi。基本上我對自己選擇的標準房，無論是房價及房間都是滿意的，雖然陽台是對著大馬路，但還能曬曬衣服，往下看看來往的人們，也算有趣。

對我來說美中不足的應該是地點太熱鬧，晚上11點多隔壁的Live Band還是人聲鼎沸，如果你喜歡到Bar與朋友小酌後再回酒店，那這家飯店就非常適合了。

1.頂樓的游池可看到山景與海景／2.1樓的餐廳提供豐富早餐，不住在這裡的房客也喜歡來此用餐／3.Erawan在白沙灘前段主要道路上，Public Taxi會停在門口，如要往北去碼頭就到對面去等車即可／4.簡單乾淨的房間／5.旁邊有Live Band餐廳，晚上非常熱鬧

The Erawan Koh Chang
- 88/99 Moo 4 Tambol Koh Chang, Trat Thailand
- +66 39 510 669
- 2,200～2,500銖
- 搭Public Taxi到白沙灘Erawan門口下車，包雙排車車資約200銖
- the-erawan.hotelsinkohchang.com
- P.97

KC Grand Resort & Spa
日本投資的星級飯店

1.富麗堂皇的Lobby / 2.泳池戲水是在象島必做的活動 / 3.KC是進入白沙灘的第一家星級飯店 / 4.典雅寬敞的房間 / 5.1樓後陽台設立按摩浴缸令人遐想

KC Grand Resort & Spa
- 1/1 Moo 4, Haad Sai Khao Koh Chang, Trat Thailand
- +66 39 55 2111
- 2,800～3,500銖
- 搭Taxi到白沙灘(White Sand Beach)KC飯店門口下車,包雙排車的車資約為200銖
- www.kckohchang.com
- P.97

　「**KC Grand Resort & Spa**」就在白沙灘象王廟過來一點的主要道路上,道路兩邊都屬於其範圍,由日本人投資開立的度假村,規格及設施服務可算是五星級的水準。

　度假村分為兩區,在白沙灘上的靠海區及對面的山區,新設計的山區房型大多屬於Villa造型,在鬱鬱蔥蔥的山地裡感覺特別清新。

　海邊區分為:Seaside Zone Building及Hillside Zone,房型很多,簡單來說,這家度假村的房型都能滿足各種旅客的喜好與需求。

　從Lobby走到海邊已讓人眼花撩亂了,突然在花園瞧見房間後陽台有個「超大的按摩浴缸」,讓人超傻眼,這應該要穿泳衣才能到浴缸內吧!不過如此豪華的特殊設計,很適合拍照。

　房間內空間感十足,大量木製品搭上有點時尚的南洋設計,顏色搭配合宜舒服,也算是獨樹一格的風貌。

　度假村的設施非常完整,像是餐廳、酒吧、健身房、SPA等都齊全,值得大大推薦的是不同的泳池,還有滑水道,很適合喜歡水上活動的朋友們。

Santhiya Tree Koh Chang Resort
擁有50間別具風格的小木屋

　　白沙灘往南是第二大的孔拋海灘（Klong Prao Beach），雖說是新開發的酒店區，但有一家近20年經驗的「Santhiya Tree Koh Chang Resort」（以前叫Panviman）是傑菲亞娃一眼就愛上的地方。

　　花園中50間房的小木屋群中，大致分爲：Deluxe、Deluxe Pool Access Room，房間設計是當地人引以爲傲的泰國傳統風格，大量的柚木布置及精緻的棉製品，爲客人打造舒適的度假空間。

　　半開放式的浴室，延續了花園造景的美妙，微型瀑布、大浴缸和獨立淋浴的天窗，這可是海灘度假村最尊寵的浴室享受，如果是蜜月客人只要連住3晚，度假村就會提供水果、鮮花、花床及蜜月蛋糕喔！

　　酒店提供的娛樂設施不少，包括：桑拿、健身房、SPA，另外也有划橡皮艇、山地自行車、潛水及環島之旅，讓每位入住的客人都能享受象島豐富的景點活動。

　　度假村的餐廳裡有各式各樣的美食，泳池Bar的雞尾酒、輕食及悠揚的音樂均能讓人自在放鬆，是個可多花時間享受的浪漫飯店。

1.陽光下的南洋椰影 / 2.戶外泳池與海洋連成一片 / 3.高尖屋頂與參天樹木構成的一頁風景很特別 / 4.夜幕低垂打上燈光的餐廳太美了 / 5.古典房間內浪漫的公主床

Santhiya Tree Koh Chang Resort
- 8/15 Klong Prao Beach, Ko Chang District, Trat Thailand
- +66 39 619 040
- 3,000～3,800銖
- 搭Taxi到孔拋沙灘(Klong Prao Beach)下車再步行，包雙排車車資約200銖
- www.santhiya.com(選擇「Koh Chang」)
- P.103

The Emerald Cove Koh Chang
祕密奢華的度假村代表

1.沙灘上的躺椅搭上大紅傘別有一番風味，泳池旁的裝置藝術也很厲害 / 2.由棧橋串起的建築是一大特點 / 3.高挑窗櫺的Lobby延伸了視野，感覺就很寬闊 / 4.樸質的房間因為紅綠有了亮點 / 5.到了夜晚燈火點上有如繁星點點

The Emerald Cove Koh Chang

✉ 88/8 Moo 4, Tambol Koh Chang Amphur Koh Chang, Trat Thailand
☎ +66 39 552 000
💲 4,700～5,200銖
➡ 搭Taxi到孔拋沙灘(Klong Prao Beach)下車再步行，包雙排車車資約200銖
🌐 www.emeraldcovekohchang.com
🗺 P.103

「The Emerald Cove」位於象島西邊孔拋(Klong Prao)海灘，照英文名字很自然的會往「翡翠灣」來想像。的確，這裡擁有山崖的迷人海岸線，是一間幽靜又顯特質的五星度假村，也是傑菲亞娃心目中「祕密奢華」的代表。

「The Emerald Cove Koh Chang」一共有165間房，大致分為：Deluxe、Deluxe Ocean Facing、Grand Deluxe of Ocean Facing及One Bed Room Suite。最基本的Deluxe房間屬於皇家南洋風，簡單設計卻有著巧思奢華，讓人一夜好眠，基本設施都齊全，房外的陽台更是大大好用。

花園內「翡翠水療中心」前的長形泳池，可與沙灘大海藍天連成一線，美不勝收。有晨跑習慣的我，從Lobby旁的花園小道一路跑到沙灘上泳池旁，繞個度假村就有2公里，跑起來的感覺很能融入象島的美景中，很是喜歡。

早餐在Lobby旁的「Just Thai」餐廳，各式各樣的菜色極為豐富，請大家一定要好好享受早餐，別匆匆忙忙地辜負度假村的貼心。

The Gallery @ Koh Chang
位於孔拋海灘的中心位置

「The Gallery@Koh Chang」在孔拋的主要道路上，距離象島國家公園（Koh Chang National Park）有4.3公里、離卡貝海灘僅3公里，可以說是象島西部的中心，雖然離白沙灘較遠，但飯店周遭無論是餐廳、匯兌或是SPA店都有，對觀光客來說極為方便，最重要的是價錢非常合理。

這裡有3種房型：Superior、Deluxe Pool、Studio room，我入住的是24平方公尺的高級Superior房，床上2隻可愛的毛巾小象搭著Welcom Letter歡迎著房客，白底粉紫的設計，給人好感。舒適的房間配備完善，平板電視、保險箱、冰箱及浴室內的盥洗用品一應俱全，內部空間算大，最重要的是房間外還有個小陽台，多元功能很舒適。

飯店還設有室外游泳池、健身房和餐廳，雖然沒有臨著海灘，但是走幾步路就能到孔拋海灘，且飯店提供Free Shuttle Bus往返知名的喀隆濮瀑布，真的很方便。（每日12:30發車前往瀑布，15:00從瀑布返回，請以飯店櫃檯公布為主）

到泰國旅遊，象島自由行，如果想更接近孔拋海灘附近的超夯餐廳及喀隆濮瀑布，不妨考慮選擇這裡，房間舒適，地點方便，價錢又合理。

1.床上2隻可愛小象符合飯店Logo／2.飯店泳池及健身房／3 位於孔拋海灘主要道路上，地點非常方便／4.大象為圖標的飯店Lobby簡單卻很有效率／5.1樓餐廳十分明亮

The Gallery@Koh Chang
- 88/88 Moo 4, Klong Prao Beach Ko Chang District, Trat Thailand
- +66 39 557 334
- 高級房Superior每晚約1,600銖
- 搭Public Taxi到孔拋海灘(Klong Prao)The Gallery門口下車(車資約80銖)，包雙排車車資約200銖
- www.thegalleryatkoh chang.com
- P.103

Tree House Cottages 樹屋度假村
遺世獨立的世外桃源

1.棧橋串連的小木屋很有特色 / 2.到了晚上許多房客會在Lobby聊聊天，就像是家中客廳般的溫馨 / 3.貼近大自然的純樸樹屋 / 4.通過棧橋才能到樹屋Lobby / 5.依山傍水的樹屋就像是住在大自然的懷抱 / 6.一看到湖畔的氣氛座位區就想馬上坐下來

象島有70%的熱帶雨林，山巒充滿原始蠻荒之美，深具探險的樂趣。如果能住在這片森林裡不就更能貼近大自然了嗎？於是傑菲亞娃與朋友做了件瘋狂的事，首次選擇歐美人士最愛的樹屋，果真是徹徹底底的遺世獨立啊！

享受自然原始的友善環境

不少國家都有所謂的度假樹屋，其實這樣的度假村最大的特色就是要以「環境友善」為出發點，才能享受被大自然環繞的「福報」。要入住如此特別的度假村，你不能要求有多現代化的設備，若不認同這樣的理念，還是別選樹屋。

2014年營業的「Tree House Cottages」就在象島西邊南端，距離邦包海灘（Bang Bao Beach）有1公里，由於在半山上交通有些不便，大部分的房客不是自駕就是租摩托車。雖然地處偏僻，不過這一區有不少民宿、餐廳，還有一家SPA學校，加上樹屋也會提供叫

車及日程（Day Tour）的服務，對觀光客來說還是挺方便的。

我們當天傍晚上山抵達樹屋，自己拉著行李走在僅1公尺寬的木棧道上，樹屋就在湖上，建築物都在山邊湖畔，很是絕妙。

戰戰兢兢地來到Lobby，一眼望去全是木板樹枝架構的原生態，向服務人員以簡單的英文溝通後順利拿到鑰匙，就再度拉著行李小心翼翼地踏上棧橋尋找自己房間，沉浸在大自然的湖畔小木屋，著實令人欣喜。

樹屋也有兩種不同房型

「Tree House Cottages」房型分為：32平方公尺的濱湖洋房（Bungalow Water Front），有冷氣、電視、風扇及獨立衛浴；18平方公尺的標準小屋（Standard Bungalow with Fan），無冷氣、無獨立衛浴、有風扇。基本上，什麼都有的套房房價大約1,200銖左右，標準小屋則大概450銖。

濛濛細雨下的木屋更顯迷離，打開我選擇的濱湖洋房，第一眼看見室內布置是滿眼的咖啡色與綠色，完全是木櫃、木桌之類的家具，就像是住在大樹的懷抱裡。架在棧板上的簡單浴廁，外面的蟲鳴蛙叫聽得超清晰，雖說房間內有液晶電視，但哪裡需要看電視啊！躺在床上享受這隱藏在熱帶雨林的湖上木屋，氛圍實在是太棒了。

在如此友善自然的環境裡，其實蠻好睡的，清晨無論是被喚醒還是自然醒，都很舒服。很慶幸自己能到「Tree House Cottages」睡上一晚，這裡沒有如織的遊人，沒有城市的喧囂，只有未受破壞、保存完好的自然資源，它就是遺世獨立的世外桃源。如果你喜歡純淨大自然，像是山邊湖邊森林邊，挑戰一下自己平時的生活方式，可以試試「樹屋度假村Tree House Cottages」反璞歸真一下。

7.簡單櫃檯辦理入住手續也提供預約行程的服務 / 8,9.森林系的房間好舒活

Tree House Cottages
✉ 96/3 Moo 1, Ko Chang District, Trat Thailand
☎ +66 91 705 7857
💲 濱湖洋房(Bungalow Water Front)大約1,200銖、標準小屋(Standard Bungalow with Fan)大約450銖
➤ 包雙排車前往約400銖
🗺 P.108

Sea View Resort & Spa Koh Chang
纜車穿梭的海景天堂

1.從Lobby俯瞰泳池與藍天碧海的美景 / 2.熱帶雨林下的泳池 / 3.泰式傳統建築很經典，Lobby在半山腰上很無敵 / 4.往下走進一片翠林 / 5.好姊妹Zona住的房間很適合情侶 / 6.從卡貝海灘南下5分鐘就看到飯店指標

　　象島得天獨厚的天然環境，吸引著越來越多喜歡島嶼的旅人們，無論是行程景點、吃喝玩樂的娛樂項目都能輕鬆在象島找到。有時下榻的飯店也能成為度假亮點，只要在這度假村好好享受，接受飯店的任何安排，就能達到最佳度假效果。

25英畝的熱帶雨林區

　　「Sea View Resort & Spa Koh Chang」正是這樣完美的度假村。看飯店空拍圖就會發現飯店位於25英畝的熱帶雨林地區，這一大片面積都是Sea View度假村的範圍，真的是太壯觀了。

　　此地距離卡貝海灘僅5分鐘車程，進入度假村看到Lobby覺得沒什麼特別，但進去看到的景致可就嚇一跳了，往下俯瞰叢林花園，就能徹底看到泳池邊的歡樂與海灘的美景，這一幕像是把整個海灣一網打盡似的，美不勝收。另外，這麼大的度假村，居然還有纜車可代步，真是cool啊！

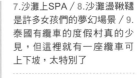

首次在象島的度假村坐纜車到海灘，工作人員說：這纜車可以帶大家通往度假村的燈塔餐廳（Lighthouse Restaurant）、海濱泳池（Beach Front）、懸崖跳水游泳池（Clifftop）和日落海灘餐廳（Sunset Beach Restaurant）之間，連搭纜車看風景都極為美麗。

我們從入口處乘纜車不到5分鐘就在綿密的白沙灘上了，鬱鬱蔥蔥的熱帶花園環繞著泳池與酒吧，或臥或躺的在房客曬著太陽，一旁戲水充滿活力的歡笑聲，顯得如此舒活，難怪說這裡是度假天堂！

泰式現代風格的豪華海景房設計

度假村的房間大致分為：Deluxe、Family、Suite等3種，這3種再依景觀細分。每間寬敞的空調客房均裝飾典雅，設備齊全，平面電視、保險箱、冰箱、迷你吧，以及淋浴設施、吹風機和浴袍都有，甚至還有陽台，幾乎所有的房間都能看見大海。

傑菲亞娃入住的49平方公尺豪華海景房（Deluxe Sea View），房間採泰式現代風格的設計，簡單舒適，走幾步路就可以到海邊，從窗戶就能看到海水連天的景色，很是心曠神怡。

這裡的公共設施非常完善，除了260公尺長的私人海灘，還有個有滑水道的Clifftop及各式各樣的餐廳，度假村還特別提供日程安排，例如：出海跳島、叢林探險……，連泰式料理教學都有開課，基本上入住後也不用費心出去找行程或餐廳了，且度假村每天提供3班的Free Shuttle Bus前往卡貝海灘及眾多餐館、酒吧和商店，極為方便。

7.沙灘上SPA／8.沙灘盪鞦韆是許多女孩們的夢幻場景／9.泰國有纜車的度假村真的少見，但這裡就有一座纜車可上下坡，太特別了

Sea View Resort & Spa Koh Chang
✉ 63 Moo 4, Ko Chang District, Trat Thailand
☎ +66 39 552 888
💲 2,800～3,200銖
➡ 搭Public Taxi到卡貝海灘下車，步行約5分鐘即抵達，車資約80銖，包雙排車車資約200銖
🌐 seaviewkohchang.com
🗺 P.107

Trat

Thailand
人間幽境
Trat

順遊

達叻府
黑沙灘・紅樹林・
地下寶石・現代藝術園林

ตราด

得天獨厚的地形景觀

達叻府被華人稱為桐艾府，具有高山、平原、海灘、島嶼等不同的地貌，豐
富的地下寶石、白沙灘、黑沙灘、紅樹林、珊瑚礁、農產和河海鮮，更是吸
引了不少觀光客來此感受達叻府的魅力。

關於達叻府

地理

若以搭乘巴士或是自駕的方式走一趟象島，雖然比較省交通成本，但難免舟車勞頓，如能順路再看看經過的「好地方」，鐵定可以增加更多旅遊價值。

達叻府（Trat）及象島並沒有太豐富的歷史文化，且背景大都與尖竹汶府有緊密的關聯，華人、越南人、法國人、泰國人都曾在達叻府留下足跡。

達叻府華人稱之為桐艾府，是東泰國的一個府，距離曼谷約318公里，北、西緊鄰尖竹汶府（Chantha Buri），東與柬埔寨接壤，西南濱臨暹邏灣（The Gulf of Thailand），人口超過22萬，全省分為7個區，除了象島、庫德島屬於海上，其他Mueang Trat、Khlong Yai、Laem Ngop、Khao Saming、Bo Rai等5個區域均在陸地上。

達叻府有著宜人景致及多個寧靜隱密的海灘，高山峻嶺密布豐富的森林及地下寶石，南部為沿海平原，海上有50多個大小島嶼，擁有長長的白沙灘及未破壞的珊瑚礁，最有名的觀光島嶼就是象島，非常適合喜愛海洋大自然的觀光客。

總面積2,819平方公里的達叻府，境內以生產水果、漁業及寶石礦產為主，農產品及海鮮加工品是最重要的產業。

簡史

達叻府建於大城時代，1767年鄭信王反攻緬甸軍時，曾在此駐紮海軍進行復國大業，由於其戰略位置，讓達叻府在國家穩定和經濟建設方面發揮了重要功能。

火山形成的黑沙灘，全世界沒幾處，達叻府Koh Sai Dam就擁有約1.7公里的黑沙灘(圖片提供／泰國觀光局)

1903年將達叻府割讓給法國，1906年3月23日才歸還給泰國，而今市景牌樓上還可見BON VOYAGE的法文字眼

1903年法國與拉瑪五世簽約，將該府及其他島嶼割讓給法國，3年後五世皇用了3個城市才把達叻府從法國手中換回來，可見其重要性。

為紀念1906年3月23日法國歸還達叻府給泰國，達叻府都會在每年3月分舉行慶祝盛會，另外每年的5、6月分也會舉行水果節，是當地最重要的兩個節慶。

達叻府車站

交通

【從曼谷出發】

由於從曼谷可選擇搭乘曼谷航空飛往達叻府，亦可從曼谷搭乘巴士抵達。由於前往象島的大小巴士都會抵達所屬的達叻府，然後再繼續搭渡輪過去，交通請參考本書「到象島之前的交通」P.63～67。

這是達叻府唯一的車站，來往的車班非常多

【從尖竹汶到達叻府】

搭乘普通巴士大約需要30分鐘，出租車前往達叻府需要大約45分鐘。

【達叻府當地交通】

達叻府車站有眾多大巴及雙排車路線，像是前往象島、庫德島、瑪克島等地。

達叻府車站往返曼谷車班多，無論是蘇汪那蓬機場或是捷運站皆有服務

【從達叻府到象島】

請參考「從達叻府往象島碼頭」P.68～70。

有排班雙排車前往Laem Ngob區搭乘渡輪到象島

達吻府
賞遊去處

相較泰國其他地區，達吻府開發較少，除了海上區域較有觀光資源外，其實達吻府的自然資源也很多，蒼翠山林、蜿蜒河流……，隨處可見茂密的橡膠樹林，路上還有農民滿載榴槤、山竹、紅毛丹、龍貢、蛇皮果等當地特產，等著客人來購買，還可以計畫把單車騎進產業道路直闖熱帶果園，現採現吃，實在有趣。

←往尖竹汶
Chantha Buri

九世皇金佛花園
Budthamonthon Trat

Kao Saming區

蘇坤蔚路
Sukhumvit Rd

桐艾機場
Trat Airport

達吻巴士中心
Trat Bus Terminal

自然碼頭
Thammachat Pier

中央碼頭
Centre Point Pier

Kon Phat Thin

黑沙灘
Black Sand Beach

象島
Koh Chang

東埔寨
Cambodia

瑪克島
Koh Mak

暹邏灣
Gulf of Thailand

庫德島
Koh Kood

達吻府景點地圖

　達叻府是泰國生產水果最豐富的地方，每年5～6月爲主要的生產季節，當地都會舉辦熱鬧的水果節，因此這段期間造訪達叻府，就能以150銖遊果園大吃水果。

　　泰國觀光局達叻分局與自行車協會安排的單車果園之旅，是從達叻府鎮公所出發，由「領導」帶著大家騎上產業道路，約15分鐘來到第一個果園，園的工作人員會教大家認識水果樹。

　　導覽兩個果園後就開始「水果饗宴」，長桌上擺滿了各式各樣的水果：紅毛丹、榴槤、山竹和蛇皮果……，所有水果都是現剖現吃，新鮮又香甜，能吃多少就吃多少，大快朵頤眞是讓人太過癮了。

　　「達叻府水果節單車遊果園活動」是由泰國觀光局達叻府分局與自行車協會共同舉辦，觀光客如果要參加活動，需要先向觀光局申請。

1.由前導帶大家經產業道路到果園 / 2.騎上黃泥沙路來到果園立馬覺得清新 / 3.從達叻府鎮公所寺廟口開始單車果園之旅 / 4.老師開始教大家認識水果 / 5.開始水果吃到飽 / 6.比臉還大的榴槤，隨你吃

達叻府水果園

✉ Trat Laem Ngob Road, Laem Ngob Sub District, Trat Thailand
☎ +66 39 597259～60
◎ 每年5～6月水果節期間，活動時間14:00～17:00
$ 果園150銖
➜ 從達叻車站包雙排車到鎮公所車資約200銖
🔗 泰國觀光局達叻府分局：www.tourismthailand.org/Trat

1. 紅樹林生態區彎彎曲曲的棧道，兩旁都是紅樹林樹根／2. 紅樹林棧道走到底就是達叻府有名的黑沙灘／3. 導覽老師教大家筆直種入水筆仔／4. 紅樹林有很多種類，這種紅樹林葉是可食用的／5. 這裡是泰國唯一的黑沙灘，當地人及觀光客必來此地，可以說是達叻府經典景點／6. 達叻府特有的棕櫚葉編織帽，我選了個花朵造型的戴上，活像逗趣的靈芝草人「哎呀呀」，根本可以拍武俠片了

由火山而形成的黑沙灘全世界沒有幾處，但泰國達叻府就有一處。達叻府的黑沙灘大約寬300公尺、長1.7公里，當地人非常珍惜這寶貴的黑沙灘，早年因為此地為火山熔岩極度冷卻而形成現在特殊的景觀。

Hat Sai Dam是Koh Sai Dam的一個海灘，島上擁有森林、岩石地形，是泰國唯一的黑沙灘。

獨特的火山熔岩冷卻景觀

從Laem Ngob區以北約1公里處來到Koh Sai Dam的「Bann Yai Mon Village」，這是個擁有橡膠園和水果園的百年大型社區。進入村內看見許多特別的大帽子，非常好奇，一問之下才知道這可是用棕櫚葉特別編織成的帽子，防曬又能防熱，造型超多，當地幾乎人人一頂。

要到黑沙灘必須經過長長的紅樹林棧道，棧道的兩旁盡是深入泥沼中的紅樹林樹根，漫步

其中偶見七彩螃蟹、瞪著大眼的彈塗魚，頗為有趣。沿途導覽大叔教大家栽種水筆仔，別以為只是把樹苗丟入泥沼這麼簡單，必須筆直往下才算種好，其實不太容易。

美白聖品「黑泥美白面膜」

　　在這1,700萊（1萊=1,600平方公尺）的紅樹林，有很多可愛的小東西，例如：宋丹（涼拌青木瓜）用的小螃蟹、撒嬌螺、流氓蟹、魚蝦蟹、小跳鳥（eagle翠鳥）等，也就是偌大的紅樹林提供了40多種的生物在此繁衍生息，5～6月還能看見螢火蟲，對城市的孩子來說，這是趟有意義的生態之旅。

　　經過1公里的紅樹林棧道就會看見黑沙灘了，棧道盡頭有個30米左右的海上涼亭，天氣好可以看到對面的象島。好大一片的紅樹林根全被黑土包圍，甚是壯觀，當地居民直接在黑沙灘上來場「砂浴」，聽說這黑沙灘有舒筋活血的功能，把黑土敷上手臂，出乎意料的細緻，感覺好舒服。在黑沙灘自己敷沙或埋沙都免費，需人服務做沙浴則每人100銖。

　　當地長者還特別推薦一個美白聖品「黑泥美白面膜」，據說是萃取椰子、黑沙加上優格便可美白嫩膚，現場敷上，還真是幼咪咪白泡泡耶！

7. 當地人很喜歡在此沙浴DIY / 8. 萃取椰子、黑沙加上優格的特製面膜

Bann Yai Mon Village
- Laem Ngop, Laem Ngop District / ศูนย์การท่องเที่ยวเชิงธรรมชาติหาดทรายดำและป่าชายเลน
- 085-2791275
- 07:00～17:00
- 這個村莊沒有詳細地址，地方比較難找，所以附上泰文地址。訪前可先打電話給Mr. Somboon，他是泰觀局指定安排接送的人，打上面的電話即可。亦可自行搭Taxi或自租摩托車前往，從達叻車站包雙排車車資約300～400銖
- P.130

knowledge

炸紅樹林葉子

知識充電站

　　離開紅樹林回到「Bann Yai Mon Village」看到有個攤子在賣「炸葉子」，原來這裡紅樹林的葉子可以食用，一口吃下感覺還不錯，導覽伯伯說這可是達叻府才有的，把水筆仔尾端倒數第三、四葉剛剛好的葉片摘下，裹上麵衣油炸而成的，是當地特有的零食。

當地特殊的零食「炸紅樹林葉」一份20銖

134

1.高9.9米的金色佛像，肅穆莊嚴／2.金色的泰文9代表九世皇／3.牆上有關於九世皇的浮雕設計

Budthamonthon Trat

✉ 3 Tambon Wang Krachae, Amphoe Mueang, Trat Thailand

◎ 無限制

⑤ 免費參觀

➡ 從達叻車站包雙排車到鎮公所車資約150銖

MAP P.130

　　九世皇金佛花園是進入達叻府看到的第一個地標，2007年12月5日為了慶祝九世皇80歲生日開幕，公園占地39萊（Rai是泰國的面積測量單位，1萊=1,600平方公尺），入口處白色牆上醒目的浮雕，象徵著九世皇的威嚴，牆後則是皇室發展活動的展覽區，整個園林景觀採用現代藝術風格，優雅的蓮花池中有個高9.9米高的金色佛像，這裡除了是宗教活動的重要場所，也是當地人重要的休閒所在。

Kon Phat Thin

你吃午餐，老鷹也吃午餐

達叻府的餐廳不少，但要有故事、有典故特色的，非「Kon Plud Thin Fishing Park」莫屬了。這家餐廳的泰文據說是流浪者的意思，但大家一定會覺得奇怪，英文Fishing Park應該是魚池之類的，跟餐廳有啥關係啊！原來店家最初是因為魚池，才發展成現在「與老鷹一起吃」的餐廳規模。大約在15年前，業者在這裡挖了一個大池塘要經營釣魚池，店家本來的想法是先要有一大堆魚的池塘，釣魚者才會來釣魚，也可以喝杯啤酒，一邊吃些食物，因此便開了間小餐廳「Kon Phat Thin」。

吸引栗鳶來此覓食

但不知為何這魚池引來附近山谷的栗鳶（紅背海鷹）來此覓食，店家為了不讓海鷹破壞魚池，便於12年開始以雞腸餵食，久而久之，海鷹好康逗相報，現在一到中午1點到2點就會有百來隻海鷹來此「用餐」，形成非常特別的景象。

栗鳶體型較小，成年鷹有紅棕色羽毛及白頭，聽店家說每個月大概要花1萬銖的「飼料費」，附近也沒有其他餐廳複製店家的做法。

這家因紅背海鷹聲名大噪的餐廳，餐食還不錯，特別是海鮮，其中有一道剝好的「瀨尿蝦」，十分推薦。「Kon Phat Thin」建在湖面上，湖水與蒼翠樹林相互輝映，已是一頁好風景。時間到了，重頭戲也來了，每當店家划著小船來到湖中央丟下飼料，盤旋在天空的海鷹，就會俯衝下來掠食了，場面極為壯觀。

1.中午1點過後，店家把飼料帶上船划入湖中準備餵食／2.海鷹陸續俯衝享用午餐，極為奇特的畫面／3.泰式海鮮酸辣湯很道地／4.剝好的瀨尿蝦直接入口，太好吃了／5.海產河鮮都新鮮／6.經營魚池起家的餐廳

Kon Phat Thin

⊠ Nong Khan Song, Mueang Trat District, Thailand

☎ +66-87-135-7423

🕐 08:00～20:00

💲 每道菜150～300銖

➡ 前往Laem Sok碼頭路上，距離左側交界處約3至4公尺會看到幾個大型鷹雕，標誌著Kon Plud Thin Fishing Park就是了，從達叻車站包雙排車資約200銖

ℹ 每天13:00左右，店家開始餵食海鷹

🅜 P.130

chantha Buri

Thailand
瑰麗傳奇
Chantha Buri

順遊

尖竹汶府
瀑布・老街・教堂・廟宇
จังหวัดจันทบุรี

富有人文色彩的美麗城市

由於種種的歷史因素，讓尖竹汶富有濃厚多元的異國色彩，提到尖竹汶，就
會立刻聯想到瀑布、水果、寶石、編織品及鄭信王。而五世皇為了紀念驟逝
的愛妃，在國家瀑布公園建立佛塔和紀念碑，以及為了五世皇和王妃祈福所
建的龍華寺，也讓這則美麗的愛情故事，增添了一抹綺麗的色彩。

關於尖竹汶府

地理

面積6,338平方公里的尖竹汶（Chantha Buri），距離曼谷約245公里，為泰國與柬埔寨的邊界府之一。最高峰為1,556米的尖竹汶山脈，此山峰是府中主要河流尖竹汶河的發源地，擁有得天獨厚的翠綠森林及瀑布美景。寧靜的漁村及平靜的海灘也都離市區不遠，使得這裡成為泰國人的度假勝地，而農業則以出產各類熱帶水果和胡椒等經濟作物為主。

尖竹汶東部靠柬埔寨的山區，自古便是紅藍寶石開採的地方，所有挖出來的寶石都要集中到尖竹汶，再送至其他地方及國家，所以尖竹汶成了珠寶商必朝聖的地點。

除了尖竹汶特殊的地理環境外，最讓泰國人注意的其實是吞武里王朝的鄭信王（Taksin）軼事，當初鄭信王之所以可以擊退緬甸軍返回大城，尖竹汶的補給協助功不可沒。

因此說到尖竹汶，一定會「聯想」的事物便是：壯麗的瀑布、水果之城、寶石、編織品及鄭信王的復國基地。

歷史

1767年：效忠鄭信王的旗幟下，成為「抗緬復國」堅實的根據地。

1893年：發生了河口兵變，法國軍占領此地，將其收為法屬印度支那的西部，後來泰王拉瑪五世與之進行領土交換。1905年，尖竹汶府才回歸泰國。

20世紀中期：印度支那戰亂紛起，鄰國百姓（例如越南）有很多人逃離了家園，其中很多人選擇在此地務農居住。

交通

從曼谷要前往尖竹汶除了自駕外，搭乘大眾交通工具也很方便，在本書中「前往達叻府交通」P.65，提到曼谷東巴士站有非常多經營到尖竹汶的車班，有部分往達叻府的大巴都會停尖竹汶車站，例如999巴士。

而尖竹汶當地的交通，可在尖竹汶車站搭公車或是租雙排車，車站門口就有雙排車的價目表可參考，或是與司機說明旅遊目的地包車計算費用。

長途巴士來到尖竹汶都會停在尖竹汶車站

knowledge

知識 充電站

可愛又浪漫的月光之城

尖竹汶英文發音Chantha Buri，府花為蘭花，之所以稱之為尖竹汶，是取其泰文音譯成潮州話。按照字面上解釋，「Chantha」的發音為梵文的「月亮」，「Buri」則是泰文的「城市」，也就是「月光之城」的意思。而尖竹汶的府徽是一隻在月亮的兔子，十分可愛。按泰國傳說：玉兔子居住在月亮上，象徵著本地的安寧與平靜，換言之，這是個可愛又浪漫的城市。

鄭信王推翻緬甸軍的復國基地

在泰國大城王朝時期，強盛的緬甸入侵暹邏(泰國古名)，勢如破竹，很快便打到首都大城(Ayut-thay)，那時候的鄭信王拼命殺出重圍，帶領僅剩下的五百名泰人和華人組成的士兵，日夜趕路向南方急速退去。鄭信王控制了羅永後，便來到東南海邊的尖竹汶府，這是一個未遭受過戰爭破壞、人口密集的富庶地區，鄭信王想與披耶尖竹汶聯合，使自己的軍隊得到人力、物力的補充。

由於披耶尖竹汶拒絕了鄭信王提出撤走守城部隊的要求，雙方掀起一場大戰，將士在鄭信王的施計下，衝鋒陷陣後攻占了尖竹汶城。緊接著尖竹汶的臣服，達叻府也宣布效忠於鄭信王，就這樣，暹邏東南沿海地區便全部統一於鄭信王(Taksin)的旗幟下，抗緬復國有了堅實的根據地。

因為這段歷史，泰國東部的「羅永、尖竹汶及達叻」都與鄭信王有著非常深厚的淵源，而羅永及尖竹汶更成為泰國水師(海軍)的大本營。

曼谷往返尖竹汶府或是前往達叻府的車班非常多

包雙排車人多比較划算，一台雙排車可坐上6人，也有兩人座的小車

車站前有很多雙排車，確定目的地談好價錢即可，車站對面公車站牌也可搭雙排車

尖竹汶府
賞遊去處

這個夢幻的寶石小鎮，傑菲亞娃要推薦你幾個不能不知的尖竹汶特色：1. 鄭信王的影響；2. 法國必爭的寶地；3. 紅寶石的加持；4. 越南移民的加入；5. 五世皇與王妃愛的故事；6. 美麗海岸與天然原生態。

尖竹汶府景點地圖

Thaluang Rd

鄭信王廟
Somdej Phrachao Taksin Maharat Shrine

Thaluang Rd

Jed Seafood Noodles

聖母大
Cathedra
Immacu
Concep

Chantha Buri Center Hotel

Tamajun Hotel

Sukhaphiban Rd

Benchamarachuthis Rd

Chanthanimit 1

Soi Phutsa Lom

Soi Tha Rueachai

巴士中心
Bus Terminal

LeabNoen Rd

Santi S

Taksin Rd

尖竹汶老街
Chantha Buri Old Town

Somdej Pra Chao Taksin Maharat Public Park

Hop INN

Wat Phai Lom
(Royal Monas

Chanthaburi River

Thachalaep 9 Alley

Phisan Thilakhun Alley

Tha Chalaep Rd

Maharaj Alley

國家公園瀑布
Namtokplio National Park

浪漫戀人岬
Noen Nangphaya View Point

龍華寺
Wat Mangkon Buppharam

綠洲海洋世界
Oasis Sea World

海上燈塔
Hua Laem Pagoda

Chanthaburi River

鄭信王廟
Somdej Phrachao Taksin Maharat Shrine

　　尖竹汶府有很多與鄭信王(Taksin)有關的地方，雖然尖竹汶並不是鄭信王建造的府都，卻深深影響了尖竹汶後來的發展。因此尖竹汶府的百姓非常尊敬鄭信王，甚至有此一說：「如果你沒去過鄭信王神殿，就不能說你來過尖竹汶」。

尖竹汶城市之柱

　　位於Thaluang路上、皇家泰國海軍陸戰隊旁有個鑲著金邊軍帽形狀的寺廟，裡面供奉著黑色的鄭信王雕像，這就是百姓所說的鄭信王神殿，也是尖竹汶的城市之柱(Somdej Phrachao Taksin Maharat Shrine)。

　　鄭信王廟信徒不少，香火鼎盛，突顯當地居民對鄭信王的崇拜，供桌上除了鮮花水果外，還有許多大象、軍刀、軍帽等，很多是從沒在供桌上看過的，問了廟方人員，才得知民眾認為大象、軍刀、軍帽最能代表鄭信王，大家可以花100～300銖來購買供品祭拜鄭信王(其實就是香油錢的概念)。

　　鄭信王雖在位僅15年，但擊退緬甸軍及平定內亂的戰績，讓他成為人們心中的英雄，也許這就是傳承的精神指標，才能讓「Somdej Phrachao Taksin Maharat Shrine」成為尖竹汶的城市之柱。

1.鑲著金邊軍帽形狀的鄭信王廟／2.香火鼎盛的鄭信王廟代表著百姓對鄭信王的崇拜／3.位於Thaluang路上、皇家泰國海軍陸戰隊／4.黑色的鄭信王／5.可購買供品祭拜鄭信王，大象、軍刀都很適合

鄭信王廟

- 100 Thaluang Rd, Tambon Wat Mai, Amphoe Mueang Chantha Buri Thailand
- +66 87 553 2351
- 05:30～20:00
- 搭Taxi或自租摩托車前往尖竹汶老街，從尖竹汶車站包雙排車車資約100銖
- P.140

1.充滿綠色植物的國家公園／2.五世皇愛妃Sunanta的銅像／3.國家瀑布公園是當地人非常喜歡的生態公園／4.有王妃部分骨灰的三角錐塔／5.由五世皇修建的阿龍宮塔／6.圓圓滾滾的大黑妞完全不怕人／7.瀑布下的水池裡，有超多大黑妞「Mahseer Barb(結魚)」／8.懸崖旁邊2條小溪匯流而成２０公尺落差的瀑布／9.有瀑布的國家公園是當地人假日休閒的好地方

位於尖竹汶市區東南方約14公里處的國家瀑布公園（Namtokphlio National Park），是泰國第11個國家公園，135平方公里的面積中有「Krok高山」所創造的清澈溪流，這些提供養分的溪流孕育著許多動植物，水源瀑布下更是布滿芬多精的綠色森林，四季都非常涼爽。

見證五世皇的愛情

這座清新的公園與五世皇有非常大的關係，據說Sunanta王妃於14歲時來到此地，就非常喜歡這裡的幽靜，五世皇便答應一定會帶著愛妃再度舊地重遊。不幸的是，王妃在曼谷搭船到大城時，因天候不佳翻船，王妃為了救孩子而犧牲性命，當時遍尋不到王妃的屍體，國王特地請了個高僧作法才找到愛妃。

國王悲痛之餘，憶起對愛妃的承諾，答應帶她重遊尖竹汶的森林公園，沒想到愛妃卻已香消玉隕，便於1881年在國家瀑布公園建立佛塔及Sunanta王妃的紀念碑，以紀念他倆的愛情，而當時發現王妃的高僧也跟著來到尖竹汶建立「龍華廟」，為愛妃及國王繼續祈福。

走進國家瀑布公園，入口處有尊五世皇愛妃Sunanta的氣質雕像，沿著石梯往下，忽見蝴蝶雙雙飛舞，彷彿見證五世皇愛情似的令人感動。這個國家公園內有個20公尺高落差的大瀑布，是由經過懸崖的2條小溪匯流而成的，一年四季都有水流，很是清新。

環境天然，保留原始生態

國家公園任何步道都是天然石頭與藤蔓，很少有什麼現代產物的輔助，因此有點像野生訓練營般，必須小心謹慎地步行，慢慢跨越石頭。越接近瀑布越是清涼無比，大大吸一口新鮮空氣有著滿滿的芬多精，讓我們這些城市遊子一趕紛擾，心靈獲得平靜，腦袋似乎也清醒許多。

潺潺溪流旁，看見黑壓壓的一群魚在水裡竄動，不知道這些魚兒叫什麼名字，臨時起意就稱之為「大黑妞」。當地人說大黑妞可是國家瀑布公園的「地頭魚」──Mahseer Barb（結魚），絕不能食用，據說吃了，人會呈現昏眩，因此不准捕捉也不准餵食，讓大黑妞在環境中自然成長即可。

國家瀑布公園氧氣十足，萬物也特有活力，清新有朝氣的氛圍，讓前往的訪客都能感受大自然的生命力。

國家瀑布公園
- 41 Moo 12 Phlio, Laem Sing district, Chantha Buri 22190 Thailand
- +66 39 434 528
- 07:00～17:00
- 外國觀光客200銖
- 尖竹汶車站搭乘雙排車約20分鐘抵達，車資約單程150銖，原車來回約500銖
- 購票時間為16:30前
- P.140

尖竹汶老街
Chantha Buri Old Town

1.尖竹汶天主教堂前的 Niramon橋走過來就是尖竹汶老街 / 2.平日的老街雖然不這麼熱鬧卻也有份純樸的寧靜 / 3.進入老街有種回到過去的奇妙感覺 / 4.賣著小商品及手工藝品的小店、咖啡廳都在此條街上 / 5.在此換裝拍照,滿有趣的 / 6.增加老街活力的青春壁畫

尖竹汶老街有著泰國、歐式及越式的風格,是因為尖竹汶曾被法國占領了十多年,又因為20世紀中期印度支那戰亂紛起,不少鄰國的越南百姓逃離了家園,來到此地居住。這樣的歷史影響了當地的文化,創造了不同的建築風情,於1909年建立的天主教堂「聖母院」可說就是代表之作。

融合法、中、越、泰多國風格

泰國第五世皇曾經表示天主教團體對尖竹汶府的經濟和社會狀態是有

幫助的,在五世皇關於尖竹汶府的著作中,提到天主教引進越南織造,例如:越南老年人會穿著越南傳統服飾「AO DAI長衫」並且在當地傳授編織的技巧。

後來越南人與泰國人在社區轉向寶石業務,設立寶石切割工廠,才有現在寶石貿易的繁榮,並成為全國最重要的寶石交易中心之一。

　　開始於1665年的尖竹汶老街是個臨河的古社區，Niramon大橋連接了中央河東西兩岸的社區。從福田寺到天主教堂的路途中，古樸民家隨處可見，循著狹窄巷弄走下去，感受到的不僅是時光倒流，更有種穿梭國度的多元風情。廟口旁下棋的老人已是老街的經典畫面，此起彼落的「棋語」實在熱鬧，所謂「觀棋不語真君子」顯然在此完全不成立。

臨河而居，古樸民家隨處可見

　　適逢假日Sukhaphiban路上有許多小吃點心攤，不少商家都開著大門迎接著來往的訪客，很是熱鬧。古老的百年建築搭上不追流行的自營商家，成為老街最有特色的觀光景點，其中以前的社區學堂（Community Learning House）本來只是賣賣明信片、紀念品，現在多了回顧尖竹汶的歷史照片及特別設計的拍照背景，頗具意義。

　　沒來老街看看，就不會知道尖竹汶有著如此的歷史過往，沒有歷史的傳承，不會有新的文創生活，尖竹汶老街推薦你必訪！

7.可以說是老街旅遊服務中心的社區學堂／8.斑駁的房子增加古意

尖竹汶老街

- Sukhaphiban Rd, Tambon Wat Mai, Amphoe Mueang Chantha Buri Thailand
- 搭雙排車或自租摩托車前往尖竹汶老街，從尖竹汶車站包雙排車車資約100銖
- 假日老街營業的商販較多
- MAP P.140

聖母大教堂
Cathedral of Immaculate Conception

1.是泰國最大的天主教堂，哥德式鐘樓設計很經典／2.西方教堂設計結合大城王朝元素／3.進入教堂不需要門票，但要注意時間限制／4.刻畫著聖經故事的彩繪玻璃／5.莊嚴肅穆的告解室

位於泰國尖竹汶老街Chanthanimit路附近的聖母大教堂（Mary Immaculate Conception Cathedral of Chantha Buri）是泰國最大的天主教堂。

泰國最大天主教堂，莊嚴宏偉

建於1909年的「聖母大教堂」長60米、寬20米，設有2座塔，高聳入雲的塔樓象徵著人類與上帝之間的關係。此教堂是當地的天主教徒長期信仰的重要支柱，典型的哥德式鐘樓，教堂內屋頂有象徵當初從大城搭船逃離的設計，牆壁有著大城王朝的藝術圖案，這些代表歷史痕跡的記載最能讓世人記取先人的努力。

寶石鑲出瑪利亞的雕像裝飾

環顧四周，豐富聖經故事的彩繪玻璃，古老的講壇和百年歷史的地磚，一路的莊嚴肅穆到4座「告解室」，傑菲亞娃第一次完全沉浸在天主教氛圍中，坐在排排長椅上無比的寧靜祥和。由於尖竹汶府是眾所周知的寶石盛產地，當地的天主教徒便在「瑪利亞」的雕像上裝飾超過2

參觀重點 1

門口超大聖母像

參觀重點 2
尖塔代表接近上帝

參觀重點 3

光彩奪目的瑪利亞雕像

參觀重點 5

彩繪玻璃上的聖經故事

參觀重點 4

仿船身設計的屋頂

萬克拉的大小寶石。

　　聖母瑪利亞的雕像幾乎完全覆蓋著黃金、寶石和瓷釉⋯⋯，她斗篷上的藍色是由幾千顆來自北碧府的藍寶石所鑲成，而禮服是由數百顆來自斯里蘭卡的白色寶石，還有畫龍點睛的紅寶石，非常光彩奪目，讓人目不暇給。

　　因此來到大教堂，除了象徵當時從大城搭乘大船逃至此的船身屋頂必看之外，由寶石打造出的「聖母瑪利亞像」更是不容錯過。

聖母大教堂
- 110 Moo 5, Tambon Chantha Buri Thailand
- +66 39 311 578
- 08:30～12:00，13:00～16:30
- 免費
- 搭Taxi或自租摩托車前往尖竹汶老街，從尖竹汶車站包雙排車資約100銖
- 進入教堂須注意服裝限制，也須脫鞋入內
- www.cathedralchan.or.th
- P.140

knowledge

知識充電站

教堂的建造與越南人有關

　　泰國尖竹汶老社區的越南人大部分來自兩次重大事件逃到此地的百姓：1.約200年前，越南天主教徒因越南皇帝的迫害逃離至此。2.法國殖民印度支那時，在越南的人為了擺脫法國的控制而逃離到尖竹汶。

　　尖竹汶自200年前就有越南人來到此地，這些來到泰國的越南人一直到六世皇時期，才被條件式的登記為泰國姓氏，目前在尖竹汶祖籍是越南的居民還有近萬人，可以說是全泰國占越南裔最多的省分。

　　而這個最大天主教堂的故事正與越南人有關，相傳越南天主教徒為了逃脫宗教迫害先來到大城王朝(Ayutthaya)，開始了貿易行為，隨著時間演進，有了越來越多的教徒，於是擴展成一個天主教會的社區。

　　大多數社區都是沿河岸建成並逐漸蔓延到大城府其他領域，釣魚是他們的主要生計，但是1767年遭受到緬甸攻擊後，他們也跟著鄭信王一路往南發展。據說，當時天主教的神父姐妹們照顧了非常多受傷的士兵，讓鄭信王軍隊非常感激，於是當鄭信王建立吞武里王朝後，便同意這些神職人員定居在尖竹汶。

寶石市場及 Ploy Chan 珠寶協會

1.位於市區的珠寶協會／2.寶石市場交易／3.珠寶協會展上的黃寶石／4.大盤商會展示各寶石供店家選購 (泰國觀光局提供)

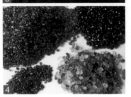

尖竹汶不僅是泰國紅、藍寶石的重要生產地，也是東南亞乃至世界寶石貿易集散和加工的重要中心，世界所產80%的藍寶石進入泰國，必須先到尖竹汶。尖竹汶是一個國際性寶石自由市場，各國寶石商人匯聚，故流傳著很妙的一句話：「如沒來過尖竹汶就不能說你是珠寶商」。這裡有100多家寶石店，但經政府註冊的只有50多家，這些店的產品品質有保證，較有保障。

泰國寶石之鄉

尖竹汶老街Sichan路附近形成一個「寶石市場」，每逢週五、六、日是寶石交易日，每到交易時，就會感受到強烈的寶石經濟氛圍，友人在老街寶石市場挖到不少「紅寶」甚是歡喜。除了寶石市場，也可一同參觀「Ploy Chan Trade Zone」珠寶協會，與曼谷的珠寶店一樣，提供影片觀賞後，便進入展示區，一陣光彩奪目、閃閃惹人愛。

knowledge

爲何尖竹汶能生產「漂亮」的寶石呢？

知識充電站

聽專家說，在複雜的地質條件下生成的寶石，必屬佳品，很多寶石雖然天生麗質，但在顏色、淨度、透明度、裂隙方面，總是有美中不足，這就需要對紅、藍寶石進行後天的「加工處理」了。寶石開採和加工的重要特點就是：家庭式生產，幾乎家家戶戶都會「熔燒優化處理」，這讓尖竹汶有「寶石之鄉」的美譽。寶石是尖竹汶的經濟支柱，聽說柬埔寨當初發生可怕的「紅色高棉」事件，所以有很多柬埔寨人把當地的紅寶石帶到尖竹汶交易以圖生存。

寶石市場
- Si Chan Rd, Tambon Wat Mai, Amphoe Mueang Chantha Buri Thailand
- 11:00～17:00
- 寶石價錢不一
- 搭Taxi或自租摩托車前往尖竹汶老街，從尖竹汶車站包雙排車資約100銖

MAP P.140

傑菲亞娃在介紹尖竹汶國家瀑布公園中提及，第五世皇的愛妃在曼谷搭船到大城時，為了救孩子而沉入水中，當時都找不到王妃的遺體，是個高僧作法找到了王妃。而當時發現王妃的高僧便在尖竹汶建立龍華寺，為王妃及國王繼續祈福。

因此「龍華寺」的精神領袖就是發現「Sunanta王妃」遺體的高僧「仁晃法師」。仁晃是位華人高僧，當發願找到王妃後，便在尖竹汶府建造一座中國式寺院，以度化當地信眾，並定名為龍華寺。此寺披荊斬棘，開工未久，仁晃法師即因操勞過度與世長辭了，當仁晃法師辭世後，仁聞法師毅然負起這個建造「佛塔廟」的任務，經過十多年的努力，耗資千萬，才有現在的龍華寺。

寺廟呈現中式建築風格

泰國有3間華人廟宇形成龍頭、龍肚、龍尾之勢，龍頭是位於曼谷耀華力路（Yaowarat）建於1871年的「龍蓮寺」、龍肚則是位於北柳府，建於1906年的「龍福寺」，龍尾就是尖竹汶府的「龍華寺」了。

建於1977年的「龍華寺」，入內就會看見供奉著四大天王的「天王殿」，屋頂由瓦片鋪設而成，以彩色瓷片嵌貼在建築物屋脊、牆體，還有以彩繪來美化、裝飾的雕刻，整個呈現中國建築的風格，可說是泰國境內最完整的漢傳佛教中式廟宇。

再往內走，莊嚴宏偉的大雄寶殿，輝煌壯麗的山門，雅致清幽的僧寮，一旁的偏殿、涼亭、水閣等，呈現華人廟宇的端止肅穆，清新雅淨的花園造景，盡是一片祥和之氣。

1,2.屋脊生動的龍飛，牌樓精緻的雕刻，牆壁華麗的彩繪，均是輝煌的表現／3.仁晃法師建立的龍華寺／4.華人廟宇的習俗

龍華寺

📍Pak Nam Laem Sing, Mueang Chantha Buri District Thailand

🕐08:30～12:00，13:00～16:30

➡搭Taxi或自租摩托車前往，從尖竹汶車站包雙排車車資約100銖

MAP P.140

浪漫戀人岬
Noen Nangphaya View Point

1.位於凹凸邊界上的觀景點，山與海特別亮麗，是單車騎士的最愛／2,3,4.觀景台上的愛心鎖，除了見證當地人的愛情也成為地標風景／5.從春武里開始經尖竹汶到達叻的觀光公路，到了尖竹汶這段風光明媚，美景無限，是單車騎士的夢想之路

這條Tollway是從春武里開始經羅勇、尖竹汶一直到達叻的公路，「Noen Nangphaya」一側臨海、一側面山，沿途風光無限，是泰國東海岸最美的觀光公路，也是許多單車愛好者的理想之道，被泰國觀光局選擇爲「夢想之地」的好地方。

泰國最美的東海岸

「Noen Nangphaya View Point」位於尖竹汶西邊30公里處，剛好介於凹進凸出的邊界上，蜿蜒上山伴隨著海浪的拍打聲，美麗的沿海風景，令人心曠神怡。這條公路設有自行車專用道，地勢較高處設有觀景台，旁邊還有攤販及附帶咖啡廳的住宿，所有的「單車騎士」都是專程來此欣賞美景，休息後再折返回去。

輕而易舉地爬上觀景台，欣賞絕美的山海景是一定要的，但沒想到旁邊居然掛了一大堆的「鎖頭」，原來是一對對戀人來此扣上「愛情鎖」，山盟海誓成為

6

7

8

9

10

他們愛的音符，「浪漫戀人岬」果眞很浪漫。

　　「Noen Nangphaya View Point」往南約莫10分鐘腳程，有個泰國人的打卡勝地「海上燈塔（Hua Laem Pagoda）」，看地圖是個凹進去的小峽灣，通常這樣的內海是船隻最好的避風港。

打卡勝地祕境

　　當地居民在礁岩上打造了一條棧道，幾百公尺的棧道前方有個海上燈塔，兩旁的海景非常美麗。棧道盡頭設有祭拜的供桌，沒有任何佛像僅有花串及香燭供信眾拜拜。據當地人說，這裡是個小漁村，以前的居民都會來此等候平安歸來的漁船，慢慢地就開始以串花及香燭來爲親人祈求平安。

　　對他們來說；海上的棧道就像是希望之路，前方的燈塔指引著漁船平安歸來，沒有任何的神像，居民僅對著海上燈塔祈求保平安，加上風景極爲秀麗，吸引不少觀光客來此朝聖，因此成爲當地祕境。

6.從觀景點往下走有些小攤販可買東西吃，一路走到燈塔約10分鐘 / 7.由於前往燈塔的訪客多，因此有三輪車提供往返服務，每人花30銖就能上車 / 8.這裡是泰國網路打卡超夯景點之一 / 9.海上棧橋的小漁村很有特殊風格 / 10.蜿蜒入海的棧橋走到底，有不少遊客駐足拍照及拜拜

Noen Nangphaya View Point
➡ 從尖竹汶車站搭Taxi約30分鐘，車資500銖左右
🗺 P.140

Hua Laem Pagoda
✉ Highway 3399 Na Yai Am, Chantha Buri Thailand
🗺 P.140

綠洲海洋世界
Oasis Sea World

1.海洋世界重頭戲海豚表演 / 2.位於尖竹汶西南方的海洋世界是當地人假日休閒去處之一 / 3.會笑的海豚惹人喜愛 / 4.園區設有養殖區

綠洲海洋世界

✉ Laem Sing District, Chantha Buri Thailand
📞 +66 39 499 222
🕐 09:00～18:00
💲 300銖
🚌 搭Taxi或自租摩托車前往,從尖竹汶車站包雙排車車資約300銖
ℹ 海豚表演每天5次,每場60分鐘(09:00、11:00、13:00、15:00、17:00開始,請以園區公布為主)
MAP P.140

綠洲海洋世界(Oasis Sea World)在尖竹汶市西南25公里處,一路從Tosang Beach沿海公路開來這裡,美景如畫,心曠神怡。

來到綠洲海洋世界,第一個要認識的就是世界珍稀的粉色海豚(印度淺色海豚),園方說珍稀海豚會隨著不斷的生長,由最初的淺灰色變成全身粉紅的顏色,換言之,海豚會越大越漂亮。

據當地人說法,之所以會成立綠洲海洋世界,是因為當初有不少海豚不小心陷入漁網而受傷,於是就將牠們集中在此,由訓練有素的專家,教導牠們學會可愛的「表演」提供給遊客觀賞,海豚們以能夠炫耀自己的高超水準表演為榮,安全開心地在此生活。

表演舞台後面的棧橋有一片紅樹林,是個自然生態園區,很有教育意義。園區內還有不少養殖區,工作人員搭著小船來回穿梭在水面,細心觀察養護水裡的植物,畫面特別有愛。

為了觀光客拍照設立的背景令人發笑卻也小小溫馨,偌大的花園不失為全家遊樂的好地方,當然在這也有可花錢的理由,接近出口處除了飲品、甜點的攤家,另外還有個長長的「禮品小鋪」可逛逛,買些土產及紀念品帶回台灣,完全滿足觀光客的需求。

尖竹汶水果王國的大排檔

尖竹汶位於泰國的東海岸，溫暖濕潤，雨水豐富，如此獨特的氣候，讓大片的坡地和富饒的土壤孕育了榴槤、山竹、龍眼、紅毛丹等眾多熱帶水果。這裡的居民有一半以上是種植水果的，年收穫的各種水果能達到50萬噸，是泰國少數一個種植水果比水稻還要多的地方。

每年5月尖竹汶及達叻府都會舉辦水果季，主要目的是向民眾與遊客宣傳尖竹汶水果以全面豐收，來促進熱帶水果的銷售。活動期間展示來自2府10個縣的優質產品，以展攤的形式大力推銷，特別是農業及合作社果農生產的水果，及加強農業種植知識的交流。同時主辦方還推出農產品水果及加工品比賽、吃水果比賽、吃海鮮比賽、珠寶裝飾品銷售、民間表演、OTOP商品展銷、果園選美比賽、舞臺表演等等。此外，還帶領遊客觀賞果園，現場大啖新鮮水果，實在熱鬧啊！

水果季期間，在尖竹汶街區路上就可看見一排超「豐富」的水果攤，真是多到眼花撩亂，便宜又甜，水果之王榴槤、水果之后山竹及紅毛丹⋯⋯好多好多，除了水果外，還有不少當地特產及零食，這些乾貨便宜又好吃，可當伴手禮帶回台灣。

1.尖竹汶馬路上就有一排水果攤，一家緊鄰著一家的水果攤，價錢都差不多 / 2,3.秤斤賣的紅毛丹、山竹及榴槤 / 4.還有一盤盤賣的龍宮及枇杷 / 5.榴槤餅便宜又好吃 / 6.胡椒粉、胡椒粒必買

Bangkok

Thailand
風情萬種
Bangkok

曼谷
購物・休閒・遊河・娛樂
บางกอก

四通八達的國際都會

曼谷擁有 2 座國際機場和四通八達的交通網，不論是前往市區觀光購物或是到南部的海島度假，都具有得天獨厚的優勢與便利性。除了各種購物商場、觀光市集和夜市之外，不妨搭乘觀光船進行一趟休閒的遊河之旅，更是充實。

前往曼谷的交通

台灣→曼谷的航空公司

目前台灣從桃園、台中及高雄都有航空公司飛抵曼谷，本書僅整理直飛曼谷正規航空及廉價航空，包機或轉機皆未列入。

【直飛曼谷蘇汪那蓬機場】

桃園機場（TPE）或是高雄小港機場（KHH），每天都有不同航空公司提供航班飛抵曼谷蘇汪那蓬機場（BKK），如：中華航空（CI）、與華航共享航班的曼谷航空（PG）、長榮航空（BR）、泰國航空（TG）等。

本籍及國籍航空公司的航班多、時間選擇也多，且有20～30公斤的免費行李託運及機上餐食，票價雖比廉價航空稍高，但有些早鳥活動或是便宜艙等的票價也不輸給廉價航空。訂定機位時都會先告知遊戲規則，還請務必遵守，加上會員可以累積里程，常飛曼谷的朋友可以多關注。

像傑菲亞娃曾經訂曼谷航空與中華航空共享航班的便宜艙等，訂到的票價連稅金才9,900元，還包括30公斤行李免費託運及機上餐食，或是泰國航空推出的限定早回航班票價才6,000多台幣，非常優惠。

除了限定航班外，訂好機位後，規定時間內一定要開票，否則位子無法保留。開票後更改日期或航班都要收費，且不得辦退票，請務必

了解相關條件限制。

🌐 m.ysticket.com

【直飛曼谷廊曼機場】

台灣到曼谷的廉價航空，來回的機場僅限桃園國際機場（TPE）及曼谷廊曼機場（DMK），除了台灣虎航（Tiger Taiwan，IT）是完全屬於台灣籍中華航空的子公司之外，其他的都是外籍航空，如：酷鳥航（Nok Scoot，XW）、獅子航空（Thai Lion Air，SL）。這3家廉價航空常會推出優惠活動，如果時間適合又能搶得到機位，可就非常划算了。例如：單程不到台幣3,000元，有興趣的朋友可以先成為廉價航空的會員或粉絲，就能接到活動通知，先搶到便宜的機票，再計畫旅遊也不錯。

從台灣出發的廉價航空均起降曼谷廊曼機場

曼谷兩大機場 如何前往市區

從曼谷蘇汪那蓬機場到市區，無論是1樓的計程車服務或是B1搭乘機場列車前往市區都很方便，大家可以視個人狀況來選擇交通工具到曼谷市區或下榻飯店。

【蘇汪那蓬機場】

從蘇汪那蓬機場（Suvarnabhumi，BKK）前往曼谷市區最省錢的方式是到B1搭乘機場列車。

機場列車(Airport Rail Link)

2016年取消紅線，目前僅剩下藍線City Line營運，共8站；走完全程約30分鐘（票價15～45銖），其中Phaya Thai站與Makkasan站分別與BTS的Phaya Thai（N2）及MRT的Phetchaburi共構，可轉搭BTS或MRT到曼谷市區。

計程車服務(Public Taxi Center)

如果班機抵達時間很晚，或同行人數超過兩人、行李過多等因素，不好移動到B1搭乘機場列車，建議在1樓搭乘計程車是最方便的選擇。

蘇汪那蓬機場1樓的Gate No.4～8的「Public Taxi Center」，明顯的指示牌可清楚了解如何搭乘，車資以跳錶金額＋服務費50銖＋過橋費（約75～80銖）來計算，例如：機場到曼谷Siam區約375銖。

1.曼谷蘇汪那蓬機場觀光客會使用到的有5層，依樓層指示，2樓為入境大廳、4樓為出境大廳／2.曼谷機場B1可搭乘機場列車(Airport Rail Link)前往曼谷市區／3.可至櫃檯說明目的地、人數來購票／4.無論是櫃檯或是自動售票機取得的車票都是圓圓的感應扣／5.藍色City Line的Makkasan站與MRT的Phetchburi站共構／6.從Makkasan站搭City Line去蘇汪那蓬機場約25分鐘

搭乘計程車 Step by Step

STEP 1 找到Public Taxi Center

搭計程車者需到機場1樓Gate No.4的「Public Taxi Center」

團客集合後也會從這前往大巴停車處

STEP 2 依需求選擇計程車

乘客依自身需求選擇大車、一般、短程3種計程車

STEP 3 取號碼牌

確認車種服務後，從機器螢幕上點選「Get Ticket」領取號碼牌

STEP 4 依號碼找到計程車

號碼牌上有司機的名字與手機號碼，依據號碼到前面找正確線道上計程車

STEP 5 上車

機場計程車有專屬機構監督，車資都是以跳錶金額、服務費及過橋費加總來計算，不用擔心會被敲竹槓

【廊曼機場】

位於曼谷市區北邊的廊曼機場(Don Mueang，DMK)是以前的舊機場，目前部分的泰國國內航班及台灣飛過去的廉價航空都是起降此機場。如果機票及登機證上寫著：TPE－DMK，就是桃機到廊曼機場。

機場沒有設立地鐵、空鐵或是機場快線，進入市區的交通工具只能仰賴公車或計程車。

在1樓的入境大廳都有搭乘巴士或是Taxi的清楚指標，如：Gate No.5是往蘇汪那蓬國際機場的AOT機場巴士、No.6、No.7是巴士站、No.8則是排Taxi的櫃檯。

如果行李簡單，方便移動，那可以到No.6花30銖搭A1公車，再到BTS蒙奇站(Mo Chit)換BTS進市區。若是人數多、行李多，則建議到No.8櫃檯請會說英文的工作人員安排計程車，比較方便。

1.位於曼谷市區北邊的廊曼機場 / 2.入境大廳Gate No.8有排隊搭乘Taxi的櫃檯 / 3.將目的地告知櫃檯人員，他們會轉告司機，按跳錶金額再多加50銖服務費

A系列公車

在廊曼機場(DMK)國際航廈1樓入境大廳Gate No.6，可搭乘A系列公車到市區。

公車	行駛路線(起訖站)	價格	營運時間	班次與車程
A1公車	DMK→BTS Mo Chit(蒙奇站)	每人30銖	07:00~24:00	班次多，約5分鐘一班，20~30分鐘抵達目的地
A2公車	DMK→BTS Victory Monument(勝利紀念碑站)，中途經過Mo Chit站	每人30銖	07:00~24:00	班次多，約5分鐘一班，20~30分鐘抵達目的地
A3公車	DMK→Lumpini Park(倫批尼公園)	每人50銖	07:00~23:00	每30分鐘一班，不塞車約40~50分鐘抵達倫批尼公園
A4公車	DMK→Sanam Luang(皇家田廣場)	每人50銖	07:00~23:00	每30分鐘一班

＊以上資訊時有異動，出發前請再次確認

4.A系列公車有4條路線A1~A4 / 5.從Gate No.6出來就能看見公車站牌 / 6.A1、A2車班多，是觀光客最常搭乘到市區的公車

Limo Bus

有兩條路線，不過車資較貴，也是從廊曼機場國際航廈到市區。

公車	行駛路線	價格
Limo Bus Express	直達Khao San(拷山路)，中間不停靠	每人150銖
Limo Bus Lumpini (倫批尼公園)	Silom路、BTS Ratchadamri站、BTS Phloen Chit站、水門區等站	每人150銖

＊以上資訊時有異動，出發前請再次確認

Gate No.7 有Limo Bus服務櫃檯

AOT機場巴士或554、555公車

許多觀光客飛抵曼谷機場後，會轉乘飛機到泰國其他地方或是別的國家，常需要搭乘兩邊機場的巴士以利迅速轉機到達目的地。

● **AOT機場巴士：**這是兩邊機場對開的車班，從廊曼機場抵達蘇汪那蓬機場，下車處在4樓出境(靠近國內櫃檯)，蘇汪那蓬機場乘車處在2樓入境Gate No.3。

● **公車、計程車：**廊曼機場到蘇汪那蓬國際機場搭554和555公車為35銖，車程約45分鐘，搭Taxi約350銖。

160

傑菲亞娃交流園地

貼心叮嚀

免費搭乘AOT機場巴士

若提供下一段的有效機票，可在05:00～24:00期間，免費搭乘AOT機場巴士前往蘇汪那蓬機場。廊曼機場國際航廈入境大廳一樓Gate No.6出來有AOT機場巴士服務櫃檯。

廊曼機場往返曼谷市區實際搭乘分享

這次傑菲亞娃從BTS「Mo Chit」站2號出口搭A2公車，終點站就是直接到廊曼機場的出境樓層，繞了一圈到樓下入境樓層Gate No.6，再搭A1公車回到Mo Chit站。這段來回路程非常簡單，無論是司機或是車掌小姐都能清楚讓我們知道是否抵達正確目的地，一點都不用擔心。搭往返廊曼機場及曼谷市區簡單路線圖如下：

| 廊曼機場國際航廈(T1) | ➡ | 廊曼機場國內航廈(T2) | ➡ | 高速公路 | ➡ | Lat Phrao Square (靠近Central Plaza交通有點混亂，下車要小心) | ➡ | BTS Mo Chit站 |

傑菲亞娃比較喜歡從廊曼機場離開後，在最短時間內抵達BTS或MRT站，再轉乘進入曼谷市區，不然曼谷市區真的是太會塞車了，時間抓不準是會打壞旅遊計畫的。

1.Mo Chit站2號出口就有A1或A2公車前往廊曼機場 / 2,3.上了公車再跟車掌小姐購票

曼谷市區交通

曼谷區域雖大，但交通動線還算簡單明瞭，主要由湄南河及幾條大馬路建構而成，已發展成空鐵、地鐵、巴士密集串連的國際都市，善用各種交通工具才能幫助你輕鬆「行走」。在曼谷市區移動，捷運是最方便的選擇，曼谷的捷運分為：空鐵（BTS）及地鐵（MRT）。

空鐵BTS

1999年12月5日九世皇生日時啟用的「BTS」，是以空中列車的方式經營，經過的區域大都是曼谷主要的商業購物及娛樂區，分為席隆線（Silom）、蘇坤蔚線（Sukhumvit）兩線，這兩條線在暹邏站（Siam）交會，是觀光客最常使用的交通方式及路線。

每一站除了泰文、英文，還有以英文字母＋數字編碼的專屬Code，除了兩條線的交會站「Siam」沒有專屬Code，其他站均有，對觀光客來說簡單明瞭好辨認。車資幾年來已有漲價，從16銖起跳，每單位加7～44銖，不同公司營運的延伸線則加到52銖，如：安努站（On Nut）之後的幾站。

曼谷的空鐵站目前持續不斷的擴點，如：蘇坤蔚線的終點站從On Nut延伸到Samrong站，因此搭乘空鐵需確認「正確終點站」再進月台，以免搭錯車耽誤時間。營業時間為06:00～24:00（視各站發車時間計算末班車），尖峰時段每3～5分鐘一班，離峰時段則是約5～10分鐘一班。

1.持票卡或是兔子卡進入閘口，要確認路線方向上對月台候車／2.BTS空鐵列車及車廂圖／3.曼谷空鐵不斷往後延伸，因此要知道正確終點站才能迅速找到月台／4.觀光客最常搭乘空鐵BTS暢遊曼谷／5.BTS分為兩條線，根據路線距離計算車資。購票前先找出起訖點的車資，以利自動販售機購票。Step：1.先選金額、2.投幣、3.取票、4.退幣

單程磁卡

各站均有販售，以起訖點來計算車資後投幣購買即可，購票機只接受1銖、5銖、10銖的銅板，現場有提供兌換零錢的窗口。

一日券(One Day Pass)

各站都有販售，一日券可於期限內任意搭乘空鐵無限次，限開卡當日有效，建議當日曼谷要搭8站以上才划算，一張140銖，有效期6個月，購入後不得退票。

兔子卡(Rabbit Card)

兔子卡類似台灣悠遊卡，適合一般曼谷自由行的觀光客，目前分為儲值卡、次數卡、一日券3種。

● **儲值卡非常方便，但地鐵MRT無法使用**：傑菲亞娃最常使用的是「儲值卡」，新版的儲值卡200銖（工本費100銖＋儲值金100銖）。簡單來說兔子卡的空卡就要100銖，最少儲值100銖才能搭乘，且卡片5年有效，最後的加值金需在兩年內使用完畢，持卡搭乘車資並無任何優惠，僅方便進出閘口不需耗時排隊購買單張磁卡。

另外，持兔子卡可在合作店家享有優惠，如：星巴克、麥當勞，或在Big C結帳非常方便，但要注意兔子卡無法在地鐵MRT使用。

● **次數卡，待1個月以上且每次搭乘5站以上較划算**：「次數卡」則是以搭乘次數為主，有效期30天。如：1月1日購入次數卡需在購入日起30天內開始搭乘（1月30日前要開始使用），465銖限搭15次，平均一次約31銖，且購入日期的45天內必須使用完畢，過期無效，對於待在曼谷1個月，且每次搭乘超過5站以上的觀光客比較划算。

觀光客可去櫃檯購買適合的交通卡

空鐵BTS列車車廂

162

地鐵MRT

2004年開始營運的地鐵MRT（Mass Rapid Transit），本來僅一條從華藍蓬火車站（Hua Lamphong）經過假日市集（Chatuchak Park）到國鐵終點站Bang Sue站。這條地鐵是曼谷市民主要的通勤線，全程在地下運行，進出站時需通過安檢，乘客需自行打開包包供保安人員檢查。自2016年啓用「曼谷地鐵MRT新紫色線」後，MRT就不只都是在地下運行了，新紫色線是以空中列車來運行。

MRT的空中新紫色線最大的目的是要活絡曼谷西邊（湄南河以西）的交通，主要服務暖武里府（Nonthaburi）連接曼谷市區。現在曼谷地鐵

MRT地鐵也是當地人重要的捷運路線

MRT藍線，服務華藍蓬火車站至Tao Poon站，乘客可到Tao Poon站轉搭MRT紫線，新的紫線最遠可達暖武里府Bang Yai區，可紓解曼谷交通堵塞及通勤問題。

MRT與BTS因營運公司不同，所以不能共用交通卡，在MRT站除了有自動售票機外，也有專門服務的櫃檯，如果人多或是有問題都可以直接找櫃檯處理，很方便。營業時間為06:00～24:00（視各站發車時間計算末班車）。

【觀光客可購買的票種】

單程代幣(Single Journey Token)

各站均有設立自動販賣機或是票務櫃檯，以起訖點計算票價，從16～42銖不等，單程代幣就像台北捷運單程感應磁扣一樣，非磁卡，傑菲亞娃認為單程購買是最適合觀光客。

儲值卡(Stored Value Card)

使用如悠遊卡，退卡可取回押金和餘額。

通行卡(Period Pass)

根據不同使用天數出售的通行票，有全日卡（120銖）、30日卡（1,400銖），開卡後可在期限內無限搭乘，不能退卡。

1.詢問櫃檯人員購票對觀光客較為容易 / 2.可在自動售票機購買感應磁扣 / 3.單程票或是以MRT儲值卡皆能搭乘 / 4.地鐵MRT紫色線已有空中電車，站台又大又明亮 / 5.紫色線列車裡外全都是紫色，好夢幻 / 6.地鐵出站前需自動打開包包以利檢查

巴士系統

曼谷公車系統（包括一般公車及長途巴士）非常複雜，站牌又難找，大部分都是泰文，車上不會報站名。同一號車有無冷氣的路線會不同，幾個銅板就能搭乘的公車，觀光客卻很難搞懂。傑菲亞娃唯一會搭乘的公車路線，只有曼谷廊曼機場A1公車到Mo Chit站，要在曼谷搭乘公車請先做好心理準備。

如果計畫到曼谷以外的城市，一定要知道幾個重要的巴士站：

曼谷公車不太國際化，除了到機場的公共巴士比較容易搭乘，其他皆較為困難

【曼谷北巴士站(Mo Chit)】

可往泰國北部及東北部的路線（清邁、清萊等）及部分往大城的小巴，搭乘曼谷捷運BTS至Mo Chit站下，再轉搭計程車或嘟嘟車前往北巴士站New North Bus Terminal（Mo Chit）。

【曼谷東巴士站(Ekkamai)】

可往泰國東部，芭達雅、羅永府（沙美島）、尖竹汶、達叻府、象島等，搭乘曼谷捷運BTS線至Ekkamai站2號出口，往回走約莫2分鐘就到巴士站，東巴士站Eastern Bus Terminal（Ekkamai）是最容易抵達的。

【曼谷南巴士站(Sai Dai Mai)】

可往泰國西南或南部，如：安邦哇、歐式水上市場、華欣，也可至巴士大樓內搭乘大巴去蘇梅島、普吉島等地。南巴士站（Southern Routes Bus Terminal）非常遠，建議搭乘Taxi前往。

計程車

曼谷塞車的問題十分嚴重，常看見嘟嘟車或是公共摩托車穿梭車陣中，很是危險。以傑菲亞娃的習慣，大眾交通不方便抵達的地方，才會搭乘計程車或是以叫車系統，例如：Uber、Grab Taxi前往目的地，但建議搭乘時先找出有泰文目的地及Google Map讓司機確認清楚，而且有同伴一起搭乘較為安全。

曼谷計程車顏色非常多，不同的顏色代表不同的汽車公司，無論哪一家，上車先看是否跳錶計算車資

嘟嘟車＋摩托車

曼谷移動的大眾車除了計程車外，另一個適合短程的就是泰國國寶：嘟嘟車（Tuk Tuk），又稱之為「三輪計程車」，顧名思義這是由摩托車改裝而成的，司機在前面騎摩托車，後座可

短距離的車程，可考慮搭乘嘟嘟車，上車前都請先談好價錢

坐2～3人。最常出現在知名商場、觀光景點、大皇宮、拷山路、夜店及捷運站出口附近，道路越窄的地方越多。

由於嘟嘟車是開放式的空間，僅頭上有個遮棚，不下雨時邊坐邊欣賞市景也不錯，最重要的是在市區比較好行動，車資不見得比計程車便宜，但至少不拒載短程。

著背心制服的摩托車，容易穿梭巷內，節省時間很方便

貼心叮嚀

善用各式交通工具，輕鬆玩曼谷

除了計程車外，現在使用Uber及Grab Taxi的朋友們也越來越多，請大家依習慣自行選擇。

如果是一個人旅行，趕時間又想省錢，不妨試試穿著背心制服的摩托車，例如：曼谷北巴士站與空鐵Mo Chit站的距離，雖有接駁巴士(Shuttle Bus)但實在是太難等了，還不如搭個摩托車5分鐘車程，40銖就搞定，多方便。

泰國很多朋友都使用Grab Taxi

交通船

曼谷擁有湄南河（Chao Phraya River）、Klong Phadung、Krung Kasem、Klong Saen Saep……數條河流的主要水道，這些河畔擁有不少名勝古蹟，尤其是被譽為母親之河的湄南河，有太多重要觀光景點，如：大皇宮區域、中國城……，因此在曼谷一定要體驗水上交通。

前往湄南河各觀光勝地，最棒的方法就是在中央碼頭（Sathorn Pier）搭乘水上巴士，基本上湄南河水路從南邊的Tha Wat Rajsingkorn到北邊的Nonthaburi共有38站。船公司分為綠、黃、橘、藍4色旗、4種票價，上船前務必留意前往的碼頭是哪條線，上對船再付船費給票務人員，每站票價約8～40銖不等。

傑菲亞娃大力推薦「湄南河旅遊船」（Chao Phraya Tourist Boat）的One Day Pass，來一趟曼谷文化之旅，內文詳見P.188。

水門碼頭是當地人最常搭船行駛曼谷Khlong Saen Saep運河的地方

曼谷三大
休閒公園

曼谷這個穿越時空，風情萬種的天使之城，不僅有時尚、潮流、文化及美食，在這個大都會中休閒複合性的公園超多，適合許多不同的活動及運動，是老少咸宜的休閒園地。傑菲亞娃在泰國工作的期間，下了班常跟朋友到公園一起跳有氧舞蹈，當時沒有太多人跑步，但現在曼谷的公園有許多人穿著顏色鮮豔的運動服，男女老少都有，連外國人都不少。

倫披尼公園
Lumphini Park
昔日六世皇的御花園

位於曼谷市中心的倫披尼公園(Lumphini Park)是座來頭不小的公園，想當年可是泰國六世皇的御花園，直到1920年才改成泰國人民能活動的大公園，發展至今已是曼谷最經典的世外桃源。

1

釋迦牟尼誕生的地名

Lumphini是釋迦牟尼在尼泊爾誕生的地名，因此命名與六世皇當時的信仰有關，既然是六世皇的御花園，門口自然有座莊嚴的「拉瑪六世銅像」。走入占地57.6公頃的倫批尼公園，庇蔭樹木布滿其中，古老的菩提樹陪襯著慢跑小徑和古式鐘樓，典雅的歐式元素及特有的泰式風格讓公園有著與眾不同的異國情調，這裡還是多種植物和動物的棲息地，可以說是與大自然親密接觸的絕佳場所。

2PM《愛無7限》電影在此取景

公園內盡是鬱鬱蔥蔥的綠地，偶有彩色點綴，與園外紛擾的城市一比，完全是自成一派的悠閒。加上韓國超人氣團體「2PM」成員尼坤(Nichkhun)首次主演的泰國電影《愛無7限》

就是在此取景，有此加持讓倫披尼公園增加不少國際形象，所以也有了「泰國版紐約中央公園」的美譽。

進入公園迅速環顧四周，發現已經站在地上標示有公里數的「跑道」上了。這簡直是太興奮了，立馬跑了起來，繞了一圈足足有3公里。路跑中許多穿著色彩繽紛的朋友們會互打招呼，好親切好溫馨，讓我忍不住多繞了兩圈，輕鬆跑完10公里。

有圖書館、室內泳池、健身房多種設施

公園還提供健身器材及淋浴的簡易設備，讓所有來運動的訪客有更多不同的選擇及清洗梳理的便利性，如此貼心的設計，深得人心。

來到這個美麗公園可以做的事情還真不少，不同時間有不同的享樂，像是晨跑、騎單車，早上8點可以聽到泰國國歌，溫和的泰國人打打太極拳，下午則可以看到可愛的婆婆、阿姨跟著教練跳著歡樂的韻律操；或是享受席地而坐的野餐樂及踩著小船遊湖的悠哉趣，如此舒活

公園提供健身器材及跑者淋浴的簡易設備，讓所有來運動的訪客有更多選擇及整理身體的準備，如此貼心設計，深得人心

的氣氛，感覺太好了。

倫披尼公園內還有圖書館、活動中心、室內泳池、健身房、音樂表演舞台等設施，泰國政府或是泰國觀光局常在此舉辦大型活動，如：2016年的紀念泰皇音樂會、2018年1月泰國觀光局舉辦的「第38屆Thailand Tourism Festival」，是個大眾化的綜合性公園。

2

3

2018年泰國觀光局舉辦的「第38屆Thailand Tourism Festival」(圖片提供／泰國觀光局)

1.倫披尼公園原本是拉瑪六世的御花園，因此門口有六世皇的銅像／2.公園內也可以踩踩天鵝船遊湖，欣賞風景／3.公園內可以騎騎單車

倫披尼公園

☎139/4 Thanon Witthayu, Khwaeng Lumphini, Khet Pathum Wan, Krung Thep Maha Nakhon 10330 ☎ +66 2 252 7006 ⏰04:30～21:00 🚇MRT「Lumphini Park」站2號出口過馬路到斜對面就是倫披尼公園、曼谷MRT「Silom」站，1號出口即抵達 MAP 封面裡

班嘉奇蒂公園
Benjakitti Park
慶祝詩麗吉皇后生日而建

曼谷QSNCC詩麗吉皇后國家會議中心是個世界聞名的展覽中心，常舉辦各式各樣的國際展覽，而在旁邊的班嘉奇蒂公園(Benjakitti Park)則是曼谷新穎的複合性公園。

有著詩麗吉皇后圖標的班嘉奇蒂公園是為了慶祝皇后72歲生日所建，2004年建造時以「發展綠色空間‧打造宜居城市」理念設計，現在是當地人活動的最佳地點。

跑道、腳踏車道環湖而建

占地21公頃的公園位於曼谷摩登高樓林立的市中心，在現代化建築圍繞及花花草草的襯托下，中間有個直徑約800公尺的大湖，環繞這大湖的正是「優質步道」，認真跑一圈計算下來大約是2公里，算是小巧可愛的公園，邊跑邊看到摩登大廈與天際線的畫面，很是特別。

園區規畫得非常完善，無論是踩踩天鵝船、跑步、健走都非常適合。除此之外還可以花40銖租腳踏車，馳騁在外圍環道（內圍為路跑）

，邊騎單車邊看人們打著太極拳、做做健身器材，置身其中迎著微風，好輕鬆、好快樂。

到泰國旅遊曼谷自由行，不妨帶上一套運動服及運動鞋，到班嘉奇蒂公園與摩登大樓為伍、與扶疏花木為伴，好好動一下囉！

1.公園內已換上最新十世皇的照片 / 2.旁邊就是詩麗吉皇后國家會議中心，也能踩踩天鵝船遊湖 / 3.有提供租車服務，騎在專有的外圍環道非常輕鬆安全 / 4.沿著大湖的跑道，跑起來也有2公里

班嘉奇蒂公園

✉Ratchadapisek Road next to Queen Sirikit National Convention Center, Bangkok Thailand 📞+66 2 254 1263 🕐05:00～21:00 🚇BTS「Asok」站4號出口步行約10分鐘，最近的是MRT「Queen Sirikit National Convention Center」站，3號出口步行約5分鐘 🗺封面裡

洽圖洽公園
Chatuchak Park

小橋流水、假日市集，超多元景點

提到曼谷洽圖洽假日市集(Chatuchak Weekend Market)，只要是「泰國迷」沒有人不知道，在MRT及BTS出站的洽圖洽公園(Chatuchak Park)可是當地居民享受下午時光，鍾愛的好地方喔！

古老公園的代表

洽圖洽公園是在1975年泰國國家鐵路局捐贈土地後開始施工，於1980年泰國國王拉瑪九世62歲生日那天正式開放，可以說是曼谷古老公園的代表。

偌大的園區有個人工湖，湖畔寬闊的草地上不時有鴿子群頑皮地跳躍著，許多居民在此野餐、玩耍、欣賞湖景、踩踩天鵝船，享受著美好的下午時光。

在這個長方形的公園內，設有不同橫跨湖面的小橋，當地百姓稱之為觀魚橋，買了魚飼料在此享受餵食的樂趣，也算是種另類娛樂。喜歡路跑的朋友可以選擇不同距離的環湖路跑，路面上標示有公里數，傑菲亞娃繞最近的一圈大概也有2.5公里，多繞兩圈約5公里，便完成活力滿滿的運動旅遊。

火車博物館文物可追溯至1875年

洽圖洽公園內另設有火車博物館，其擁有的歷史文物可追溯至1875年泰國鐵路行業誕生時期，鐵路迷千萬別錯過。公園另一側都是攤販市集，輕鬆跑完再以慢走閒逛來舒筋活骨；可能有意想不到的效果，傑菲亞娃深深覺得當Shopping是文化，那「運動就是能量」囉！

1.1975年就成為曼谷地標，加上MRT及BTS一出站就抵達，吸引不少觀光客前來／2.碧波蕩漾的大湖及湖面上的小橋，讓公園風景更為美麗／3.草地上的鴿子與人們都是好朋友，一點都不怕生

洽圖洽公園
Kampaengphet 1 Road Ladphyao Sub-district Chatuchak District Bangkok Thailand +66 2 254 1263 04:30～21:00 BTS「Mo Chit」站1號出口、MRT「Chatuchak Park」2號出口 www.chatuchakmarket.org/chatuchak-park 封面裡

「Siam」(暹邏站)這個大站,無論是幾號出口都連接著知名的百貨公司或商圈,我們第一個要知道的是車站北面,同屬一個集團的 Siam Paragon、Siam Center、Siam Discovery。

shopping Bangkok

暹邏百麗宮
Siam Paragon

於2005年斥資150億泰銖建立的豪華商城,是目前東南亞最大的購物中心,2018年前可說是曼谷的驕傲。這座震驚亞洲時尚界的消費殿堂,不僅有眾多精品店家,還有地下樓層的挑高美食區,海洋館Siam Ocean World、蠟像館、電影院等,各種娛樂設施應有盡有,是個非常大型的綜合娛樂商場。

空鐵 BTS
超人氣的購物天堂

曼谷可以逛的地方可說是三步一小家、五步一大家,無論是 Shopping Mall、百貨公司、大型市集、創意設計、個性小店……,真的是遍地開花,無所不在。到底要如何逛起呢?傑菲亞娃以「捷運大站」來說明這些人氣超夯的時尚地標、娛樂商圈、平價市集,讓大家輕鬆前往、好好購物。

曼谷空鐵是觀光客最常搭乘的交通方式,BTS 有席隆線 (Silom) 及蘇坤蔚線 (Sukhumvit) 兩條線,交會點暹邏站 (Siam) 附近的商圈是曼谷購物黃金戰區,是個大家不能不知道的大站。

BTS空鐵Siam站出來就是暹邏百麗宮(Siam Paragon),非常容易抵達

Siam Center

40多年歷史的百貨公司，以年輕人品牌取向為主，尤其是3樓的當地設計師品牌，如：Grey Hound、Ay Hound服飾、彩妝，走的是年輕上班族路線。

Siam Center有不少當地設計師品牌，上班族很喜歡來這裡逛

Siam Discovery

這是泰國第一家標榜販售奢華家具生活用品的百貨公司，6層樓中每層樓各有各的主題，家庭擺飾、創意小品，甚至珠寶名牌服飾等，走的是高價位路線。

創意家具或生活用品是這家商場的重點

Siam Paragon
📍 991 Rama I Rd, Khwaeng Pathum Wan, Khet Pathum Wan, Krung Thep Maha Nakhon Thailand
🕐 10:00～22:00
➡ 搭乘空鐵Silom(席隆線)及Sukhumvit(蘇坤蔚線)的「Siam」站，出站即抵達
🌐 www.siamparagon.co.th
🗺 封面裡

Siam Center
📍 989 Rama I Rd, Khwaeng Pathum Wan, Khet Pathum Wan, Krung Thep Maha Nakhon Thailand
🕐 10:00～22:00
➡ 搭乘空鐵Silom(席隆線)及Sukhumvit(蘇坤蔚線)的「Siam」站，出站即抵達
🗺 封面裡

Siam Discovery
📍 緊鄰Siam Center旁
🕐 10:00～22:00
➡ 搭乘空鐵Silom(席隆線)及Sukhumvit(蘇坤蔚線)的「Siam」站，出站即抵達
🗺 封面裡

Siam Square

✉ Rama I Road Pathumwan Bangkok Thailand

🕙 10:00～22:00

➡ 搭乘空鐵Silom(席隆線)及 Sukhumvit(蘇坤蔚線)的 「Siam」站，出站即抵達

🗺 封面裡

1.Center Point Siam Square One內有非常多的商攤，五花八門什麼都賣，價格又非常便宜，超好下手／2.室內商場不少店家的衣服都200銖起跳，很好買／3.年輕設計師的衣服，款式新穎超青春，深受女孩們喜愛／4.少女心大噴發的Hello Kitty旗艦店，是網紅們必打卡的地方／5.露天飲食集合了各式各樣的小吃攤，很熱鬧／6.人氣超夯的Line Village結合泰國元素的公仔們最可愛

Siam
空鐵站

Siam Square
曼谷的西門町

CREDIT CARD

Siam Paragon對面的Siam Square是屬於可放慢腳步的購物區，同時也是曼谷的補習街，當地年輕人最常活動的區域，就像是台北西門町般的青春洋溢。Siam Square不同於對面Siam三兄弟的商場，是由很多條Soi(巷)所組成，分為Square Zone 1、2、3三區，建築物大都只有三、四樓層高，內有五花八門的時裝店、飾品店、餐廳Cafe、小吃攤、美甲美髮店及SPA店，可以說是完整的購物商圈。

東南亞Hello Kitty旗艦店值得一逛

同屬此區的「Siam Square One」是近幾年新規畫的商場，不少泰國設計師進駐，商品櫥窗及店面設計都很特別，就算是不購物也都有欣賞的價值。除了眾多商家外，超人氣的當地東南亞Hello Kitty的旗艦店，還有新進入的Line Village Bangkok，吸引眾多鐵粉，擠滿了人潮，很是熱鬧。到了晚上一旁的「Center Point Siam Square One」也不容錯過，搭棚下的攤販排滿一堆，根本是個大市集，好買極了。

Chit Lom 空鐵站

水門市場百貨
The Platinum Fashion Mall
曼谷五分埔好好逛

水門市場百貨

- 222 Phetchaburi Rd, Khwaeng Thanon Phetchaburi, Khet Ratchathewi, Krung Thep Maha Nakhon Thailand
- 09:00～20:00(部分店家18:00打烊)
- 最方便的方式為從BTS「Chit Lom」(奇隆站)1號出口步行至Central World上空橋往Novotel飯店方向約7分鐘抵達
- 批發商場,部分店家晚上6點就打烊,建議白天前往商場
- 封面裡

從Central World或Big C過來水門(Pratunam),現在已經不用人車爭道的過小橋,新建的「Sky Walk」把這三點全串起來了。走在空橋上,不但可避開川流不息的車陣,還能不怕日曬雨淋,對觀光客來說不但方便也安全許多。

來到水門唯一的目標就是有「曼谷五分埔」之稱的水門市場百貨,這區指的是「Novotel Platinum Pratunam」旁邊連3棟的「The Platinum Fashion Mall」,每棟都超過6層,有各式各樣單價便宜的流行服飾,每件衣服平均都是200～300銖,洋裝也只不過400～500銖,還有很多設計組的包包、小配件、首飾、鞋子及彩妝品,購買3件以上還有批發價,吸引很多批發客拖著行李箱來此採購。

1.Sky Walk能擋日曬雨淋,讓路人更安全方便地過馬路到水門 / 2.室內空間分隔清楚,動線流暢,來回逛都能找到明確的目標,不會迷路 / 3.衣服單價從100～500多銖都有,部分店家有3件以上的批發價

熱鬧的購物商場與市集攤販

「The Platinum Fashion Mall」不但場內精采,場外也不遑多讓,外面的攤販區就跟市集一樣,五花八門琳瑯滿目,到了晚上還有不少小吃攤及餐車,熱鬧極了。

曼谷「Siam三兄弟」、「Central四姊妹」、「The Platinum Fashion Mall」以Sky Walk都能分別串起,安全又方便,不愧是曼谷的心臟地帶,果真是觀光客大肆血拼的黃金戰區。

Open House at Central Embassy

✉ Level 6, Central Embassy, 1031 Ploenchit Road, Khwaeng Lumphini, Pathumwan, Bangkok, Thailand

☎ 088-870-0021

🕙 10:00～22:00

➡ BTS Phloen Chit站(普隆奇)5號出口接空橋即抵達

🌐 www.centralembassy.com (選擇「anchor」→「open-house」)

🗺 封面裡

1.每逢聖誕新年廣場都會布置得美輪美奐／2.暹邏站的Sky Walk一路可通往奇隆站,有遮蔽不怕日曬雨淋／3.四面佛旁邊高級百貨Gaysorn Plaza的THANN芳香品非常受歡迎,近來RIMOWA旗艦店進駐也替百貨增色不少／4.這家Big C是觀光客最常來掃貨的地方,收銀檯前常常大排長龍／5,6.Central World及左右兩邊的Zen、Isetan是大家到曼谷必逛的百貨公司

Central Embassy、 Central World、 Zen、Isetan

Central 集團四大將

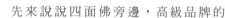

從Siam站直接上「Sky Walk」可一路通往四面佛上方的奇隆站(Chit Lom),可以說是非常方便。曼谷四面佛無人不知無人不曉,而附近的百貨公司更是一個比一個有名,一個比一個好逛。

先來說說四面佛旁邊,高級品牌的Gaysorn Plaza或是Big C都是大家非常熟悉的百貨商場,但最受觀光客喜歡的百貨公司鐵定是斜對面的「Central三姊妹」。拉差當梅(Ratchadamri)路上的「Zen、Central World、Isetan」是3棟連在一起的大型Shopping Mall,是大家到曼谷不容錯過的地方,除了百貨精品外,連前面的市集廣場都好玩,每逢聖誕新年便會大大布置,舉辦跨年活動,無論是市民或是觀光客都能盡情玩樂,熱鬧非凡。

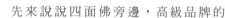

174

網紅必打卡：曼谷版蔦屋書店

奇隆站直走約莫5分鐘腳程的「Central Embassy」同屬Central集團，這家「頂級奢華」的百貨公司，是國際知名品牌的泰國大本營。特別值得一提的是，這裡6樓新開了一家網紅必打卡，號稱曼谷版蔦屋書店的「Open House at Central Embassy（Paris Mikki）」，由東京的Klein Dytham Architecture設計，獨一無二的內部空間，結合餐廳、咖啡廳、書店、藝廊，充滿熱情工匠與美食家們的呈現，值得一訪。

1.6樓2017年新開的Open Hous是曼谷版的蔦屋／2.精心設計高挑流暢的空間令人心情大好／3.氣氛佳、口味好的美食餐廳或咖啡廳也都有工匠的巧思

National Stadium 空鐵站

玻璃船商場
Mah Boonkrong Center (MBK)
室內假日市集

CREDIT CARD

玻璃船商場
- Phayathai Rd, Pathum Wan, Khet Pathum Wan, Krung Thep Maha Nakhon Thailand
- 10:00～22:00
- 空鐵Silom(席隆線)終點站「National Stadium (W1)」(體育館站)，出站即抵達
- www.mbk-center.co.th/en
- 封面裡

從Siam Discovery往前走，就到當地人最常來逛的曼谷地標：玻璃船商場Mah Boonkrong Center（MBK），在1985年開幕時可說是亞洲最大的商場。如果搭乘BTS席隆線就到暹邏站的下一站「體育館站」（National Stadium，W1）出站，走上空橋直接通往MBK。

從天橋上看過去，MBK就像是艘玻璃船體的大型建築物，周邊充滿文青的圖案很有設計感。在這除了可以找到價廉物美的東西和食物外，其他像休閒娛樂、流行3C及手機商品都很齊全，有「室內洽圖洽市集」之稱。

除了服飾生活用品，流行3C手機商品也非常齊全

Terminal 21

✉ 88 Soi Sukhumvit 19, Khwaeng Khlong Toei Nuea, Khet Watthana, Krung Thep Maha Nakhon Thailand

🕐 10:00～22:00

🚇 BTS Sukhumvit的「Asok」站、MRT的「Sukhumvit」站，出站即抵達

🌐 www.terminal21.co.th

🗺 封面裡

1.BTS與MRT都有到的Terminal 21，交通非常便利／2.機場概念設計，每一層都有不同國家主題／3.每層洗手間皆隨著主題而不同／4,5.有不少半開放式的店面，衣服從幾百銖到1、2千銖以上的都有／6.挑高中庭的設計延伸視覺，感覺更舒暢

176

Asok
空鐵站

Terminal 21
多國主題的百貨商場

CREDIT CARD

泰國曼谷的商場或百貨公司何其之多，新開的Shopping Mall如果沒有什麼特點或是話題，實在沒辦法讓人記住，反之當然是印象深刻，不斷吸引訪客前來參觀。

在曼谷BTS Sukhumvit（蘇坤蔚線）Asok（阿索克站）的Terminal 21（T21），該集團認為觀光客一入境泰國，最先感受到購物空間的就是機場航廈，故以機場為概念來設計T21，每個樓層有不同國家城市的主題館，由於主題強烈鮮明，所以每家店的風格也極具特色，最令人驚豔的是連洗手間都會因樓層主題而有所不同。

T21內除了有眾多知名品牌外，也有許多泰國當地設計師的品牌，如：MERIMIES、POSH Bag等等，商場的超市、小吃、餐廳也非常多，逛累了可直接往地下樓。傑菲亞娃最愛來B1喝杯手標檸檬紅茶及小老板專賣店採購，簡單來說，交通便利的T21是與朋友見面的好地方，也是曼谷超人氣的購物中心。

Victory Monument 空鐵站

勝利紀念碑站周邊

小巴撤出依然熱鬧

勝利紀念碑站

📍 Phayathai Rd, Thanon Phetchaburi, Khet Ratchathewi, Krung Thep Maha Nakhon Thailand

🕐 10:00～22:00

➡ BTS Sukhumvit「Victory Monument(N3)」站，出站即抵達

🗺 封面裡

1.4號出口下來的商場、電影院旁有非常多的小吃攤／2.從空鐵站連著天橋下來；就看見人聲鼎沸的場面／3.橋下旁的小吃攤集中區，學生或上班族都會來此用餐／4.創意塗鴉的洗手間是高級廁所，一次一人要付10銖／5.假日才會有的市集，首飾、服飾及部分文創商品／6.當地年輕人很愛去的Victory Mall東西都非常便宜，可以來此挖挖寶

　　曼谷空鐵中蘇坤蔚線的勝利紀念碑站（Victory Monument，N3），原是非常重要的轉運站，但2016年10月25日泰國政府為了紓解曼谷交通，下令讓「勝利紀念碑」站的小巴公司全部遷移。由於這裡曾經為重要的交通要塞，周遭的民生消費設施自然完善，如：國民小吃攤、大型購物商城、電影院，且價格都很平民化，即使小巴站大多遷離了，當地人還是喜歡造訪這裡。

　　勝利紀念碑站4號出口從空橋走下，曼谷年輕人最愛的「Century The Movie Plaza」兩排攤販就非常多，簡直是個大市集，讓人看得目瞪口呆。圓環附近「Victory Point」小吃攤販香味四溢，引誘著過往的路人，要在此享受國民美食完全不是問題。

　　從Fashion Walk往前走入「Victory Mall」及「Center One」這兩棟相連的百貨商場，大都是賣年輕人喜歡的服飾、配飾、彩妝，店面都小小的很可愛，大家一定可以在這裡找到平價商品及平民美食。

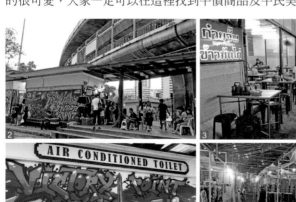

Central Plaza Grand Rama 9
泰國百貨龍頭

一出帕藍9站（Phra Ram 9）就連接著泰國百貨龍頭「Central Plaza」，2011年落成的中央廣場拉瑪九購物中心（Central Plaza Grand Rama 9）秉持Central的風格，挑高空間以閃亮霓虹突顯商場的流線造型，動線明確好移動，國際知名、泰國當地品牌進駐，連鎖餐廳、書局、美容沙龍、大型超市及電影院等也都齊全，與朋友約在此逛逛店家、喝喝下午茶、吃吃飯，一舉數得。

Shopping Bangkok

地鐵 MRT
熱鬧程度不遑多讓

要在曼谷四通八達到處趴趴走的方法，就是善用 BTS 及 MRT，雖然觀光客最常搭乘的是空鐵 BTS，但 MRT 也有不少站很好逛，而匯集 BTS 及 MRT 的大站更是極為熱鬧。例如 BTS「Asok」和 MRT「Sukhumvit」交會站、Sala Daeng 和 Silom、Mochit 和 Chatuchak Park。另外 MRT 還有一站 Phetchaburi 跟機場 City Line 的 Makasan 連接，往返蘇汪那蓬機場十分方便。

對觀光客來說，MRT 路線有幾個站是一定要知道的，出站就能直接逛。從 MRT 的 Sukhumvit 站一路往北邊走，無論是時尚百貨、傳統市集、主題夜市、年輕人愛去的商場，都能滿足大家多元的需求。

Central Plaza Grand Rama 9 旗艦店

✉ 9 Khwaeng Huai Khwang, Khet Huai Khwang, Krung Thep Maha Nakhon
☎ +66 2 103 5999
🕙 10:00～22:00
➡ MRT地鐵站「Phra Ram 9」2號出口即抵達
🗺 封面裡

1.地鐵Phra Ram 9站2號出口即抵達／2.地鐵站直接通往百貨，交通便利／3,4.開放的商家讓空間更寬闊，動線也極為流暢／5.Central Plaza是當地大地標／6.Robinson百貨緊鄰在旁，可一併逛逛

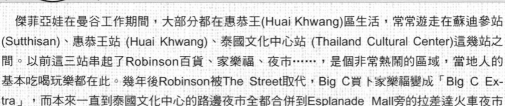

惠恭王站周邊，當地人最常去

傑菲亞娃交流園地

　　傑菲亞娃在曼谷工作期間，大部分都在惠恭王(Huai Khwang)區生活，常常遊走在蘇迪參站(Sutthisan)、惠恭王站 (Huai Khwang)、泰國文化中心站 (Thailand Cultural Center)這幾站之間。以前這三站串起了Robinson百貨、家樂福、夜市……，是個非常熱鬧的區域，當地人的基本吃喝玩樂都在此。幾年後Robinson被The Street取代，Big C賞卜家樂福變成「Big C Extra」，而本來一直到泰國文化中心的路邊夜市全都合併到Esplanade Mall旁的拉差達火車夜市 (Train Night Market Ratchada)，可以說是越來越發達、越來越熱鬧了。

拉差達火車夜市
Train Night Market Ratchada

歡樂舒活夜泰美

拉差達火車夜市

- ✉ 55/9 Ratchadaphisek Rd, Khwaeng Din Daeng, Khet Din Daeng, Krung Thep Maha Nakhon
- ☎ +66 92 713 5599
- 🕐 17:00～01:00
- 🚇 MRT「Thailand Cultural Center」4號出口往回走穿過Esplanade Mall停車場步行5分鐘即抵達
- 🗺 封面裡

1.下午5點後攤商陸續進來，建議6點以後來逛商家比較齊全／2.周圍是排成一排的商家，中間就是開放區域了，動線流暢／3.以創意料理發揮的小吃，簡單的麵條變得很花俏，全都是為了觀光客設計的／4.啤酒區最熱鬧，兩層貨櫃屋酒吧超有型，整個就是夜店風／5.到隔壁停車場約3樓高度空拍夜景非常美麗

曼谷有不少火車夜市，大部分都是搭乘大眾交通工具後還要搭乘Taxi才能抵達。但「拉差達火車夜市」，只要搭MRT到泰國文化中心站（Thailand Cultural Center）4號出口往回走穿過Rs Tower或是Esplanade Mall停車場就到了。

夜市占地非常大，田字形的攤販規畫，四周圍繞著店家，只差沒有火車在現場。吃喝的攤位居多，很多屬於創意小吃，個人認為這裡的小吃較為花俏，而價格稍稍高了點，但吃起來舒服也是挺好的。

兩層貨櫃屋酒吧花招百出

一排排緊密羅列的攤販大致分為美食區、服飾雜貨區等，夜市一般有的特色商品、生活用品、潮品服飾，還有不少二手貨攤商，五花八門熱鬧的很。值得一提的是各種餐車及兩層貨櫃屋式的酒吧，花招百出的設計、Live Band及熱情的舞曲，根本就是個「大型夜店」，讓泰國人很喜歡在此度過歡樂的夜晚。

這裡很適合呼朋引伴一起吃吃喝喝，累了就到Bar叫杯啤酒感受熱情的曼谷之夜，有時候選擇來個「夜市派對」，保證好玩好飽好有趣，各位不妨試試看。

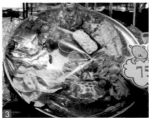

Huai Khwang 地鐵站

曼谷老城區
隱藏在生活中的風花雪月

從MRT的泰國文化中心站到惠恭王站(Huai Khwang)可說是曼谷的老城區，這兒有約百來棟的公寓住著政府機關基層員工及當初被政府徵收土地安頓在此的居民，由於其收入不高，所以相對的當地物價指數也不高。

雖說是老城區，但現在慢慢進行再生開發，使得原來在地繁榮的狀況更國際化。傑菲亞娃記得在泰國工作時，本來這段路僅一家Robinson百貨及家樂福旁的夜市。這幾年來，家樂福被Big C Extra買下，Robinson百貨換成規畫完善的商場「The Street Ratchada」，有24小時營業的餐廳Food Land，甚至連添好運都進駐，吸引更多年輕客群，也增添不少青春活力。最令我難忘的則是惠恭王站3號出口Ratchadaphisek路和Parcharatbamphen路交界口的惠恭王夜市(Huai Khwang Market)。

各種「夜店」鄰近惠恭王夜市

惠恭王夜市是個當地夜市，一邊以賣食物為主，另一邊則是販售生活雜物。一望無際數個街口都是其範圍，這裡的小吃餐廳完全是泰國人的吃法，非常道地，大家可以比手畫腳地試著點餐，蠻好玩的。由於附近有很多風花雪月的「夜店」、泰國洗澡堂及酒店，凌晨過後，夜生活女郎便會收工到此吃吃宵夜或是購物，也成為特色之一。

另外特別一提的是惠恭王站3號出口是知名餐廳「建興酒家」，路口斜對面有個24小時香火鼎盛的路邊象神，據說做生意求財、求名氣都特別靈驗，吸引眾人老遠前來拜拜。

曼谷老城區

🚇 MRT「Huai Khwang」3號出口即抵達

🗺 封面裡

1.The Street Ratchada有24小時餐廳、各國風味餐廳林立在此，增加國際觀／2.MRT「Huai Khwang」3號出口旁邊就是建興酒家，建興酒家最有名的招牌菜就是咖哩螃蟹／3.沿著Ratchadaphisek路往前走兩旁都是餐廳、服飾店、美妝店，什麼都有／4.惠恭王這家24小時香火鼎盛的路邊象神，泰國人稱之為商業之神，做生意求財、求名氣都特別靈驗，大部分開店、開公司的人，在傍晚都會前來拜拜，求財源廣進

Union Mall

✉ 54 Soi Ladprao 1 Khwaeng Chom Phon, Khet Chatuchak, Krung Thep Maha Nakhon Thailand
☎ +66 2 512 5000
🕐 11:00～22:00
➤ MRT「Phahon Yothin」5號出口即抵達
🗺 封面裡

1.各式各樣的服飾滿足許多年齡層／2.可愛的河馬小姐是Union Mall的吉祥物／3.以中庭的設計串出各樓層，就算是亂逛也不覺得擁擠

Phahon Yothin 地鐵站

Union Mall

綜合性的娛樂商場

從MRT塔宏猶清站（Phahon Yothin）5號出口上來就會看到黃色的建築物，手扶梯一上來就可以開始逛。

這是個有中庭的商場，經營型態跟專營服飾批發的水門市場有些不同，G樓層到3樓主要販售服裝、包包、鞋子、飾品等商品，空間也不會有水門3棟批發的這麼大，但是各樓層銷售五花八門各式各樣的商品都算是平價，衣服也較多

傑菲亞娃交流園地

傳統市場、百貨公司一次逛個夠

　　Union Mall對面有「Central Plaza Lad Prao」，還有側邊的攤販與天橋下的「The One Park」形成的小商圈，可一併逛逛，這裡的Central有部分商品比市區的訂價還便宜。搭MRT到Phahon Yothin站，在這裡可以讓你將傳統市場和百貨公司一次逛個夠。

Union Mall可走天橋到對面的Central Plaza與旁邊自成一格的攤商

當地人很愛逛的國民百貨The One Park

元，介於水門商場及玻璃船商場MBK中間，不過沒有分區稍微有點凌亂。

「Union Mall」G樓有速食店肯德基、OISHI餐廳等，4樓則以通訊產品及餐廳為主，逛累了可以吃吃東西再戰，5樓有不少二手及復古店家，6樓以上則是電影院，整棟可說是個綜合性的娛樂商場，當地年輕人常來此消磨時光。

創意小物的商攤很好買

洽圖洽假日市集
Chatuchak Market
人人狂掃五花八門的泰商品

Chatuchak Park 地鐵站

CREDIT CARD

搭乘MRT到「Chatuchak Park」2號出口直走，就是舉世聞名的曼谷假日市集洽圖洽（Chatuchak Market）。這裡每天都有營業，只是假日聚集的攤販及營業商家最多，因此，觀光客最佳造訪的時間還是週末。

假日市集有超過一萬多的攤販店家，真的是五花八門，無論是服飾、精品、生活雜貨、創意小品、家飾設計、SPA香氛用品，甚至盆栽、寵物等，一應俱全，保證逛到目不暇給。假日市集裡也有非常多的小吃攤販及餐廳，是一個最貼近當地生活、有特色的大市集。

洽圖洽假日市集

✉ Kampaengphet 1 Road Ladphyao Sub-district Chatuchak District Bangkok Thailand
☎ +66 2 254 1263
🕐 04:30～21:30
➡ MRT到「Chatuchak Park」2號出口或是BTS到「Mo Chit」3號出口往Chatuchak Park步行3分鐘
MAP 封面裡

1.市集內有非常多SPA或生活用品等店家，除了零售外，也會提供貨物給曼谷開店的商家，店家老闆們平日就會來此選貨批貨 / 2,3.從外面逛到裡面穿來穿去的一定會迷路，但走到大馬路上就能看到往BTS或是MRT的指標

昶隨市集
Chang Chui Bangkok

曼谷最新主題市集

shopping
Bangkok

知名的觀光市集

曼谷的觀光市集充斥著各種小吃、大小工藝品、生活用品，更依不同地點與銷售內容給予顧客不一樣的感受，看你愛吃好吃的，還是喜歡好逛的，或是在地小攤販的攤位，都讓人眼睛一亮。

人們膜拜還能抽籤卜卦的裝置藝術真的不多見

曼谷無論是傳統夜市、觀光夜市、火車夜市、當地夜市……，真的是族繁不及備載，雖說很多，但較有話題的除了火車之外就沒什麼主題夜市了，還好2017年開了一家昶隨市集（Chang Chui Bangkok），又叫做飛機市集。

「Chang Chui Bangkok」這名字其實跟飛機完全沒有關係，之所以被稱為「飛機市集」是因為現場有架退役軍機（Lockheed L-1011 TriStar）。Chang（昶）是泰文是工匠、藝術家、專業師傅的意思，而Chui（隨）則是馬馬虎虎、不拘小節意味，因此這市集命名為Chang Chui意思就是聚集隨心所欲發揮的藝術家。

文創藝術家聚集於此展現巧思

園區的創辦人Somchai Songwattana是泰國品牌「Fly Now」藝術總監，他說一般創作人都是追求完美，殊不知潦潦草草、馬馬虎虎，反而衍生更多想法，節外生枝不代表都是不好的結果，他希望新創者能運用單一思想、靈感、知

識和藝術為自己增加謀生的機會。

　　昶隨市集分為11:00開始營業的「Green Zone」及16:00開始的「Night Zone」，負責人以「只要有創意，沒有什麼是無用的」觀念，聚集了許多有理想、有抱負，也勇於創新的藝術家，有不少個人手作小攤或是文創商店，首飾、精品、衣服……，都經過精心挑選，很少重複，全是本地設計師的巧思。

Pub、Beer Garden提升夜市亮點

　　園區除了商鋪、餐廳、Bar，還有不少餐車或是小吃攤，Pub、Beer Garden提升了夜市的亮點，不少年輕人來此玩樂，熱鬧非凡。

　　傑菲亞娃造訪後，深深覺得所謂「創意」本來就是日常累積出來的，隨時突發奇想有其形象，不時信手拈來成就文章，加上能把傳統文化放入其中，這才是令人讚賞的「文創」。

　　昶隨市集位於湄南河的西邊，地點較偏僻，建議大家搭計程車過來比較方便，雖然遠了點但很值得探訪。

昶隨市集

⊠ 462 Sirindhorn Rd, Khwa-eng Bang Phlat, Khet Bang Phlat, Krung Thep Maha Nakhon Bangkok, Thailand

☎ +66 92 41 64774

🕐 11:00～21:00(Green Zone一般區)，16:00～23:00 (Night Zone夜市)

休 週三全區公休

➡ 搭空鐵前往勝利紀念碑站，然後乘坐冷氣公車515或539至Bang Kruai (Outbound)，或是從曼谷市區搭計程車約250銖起

🌐 www.changchuibangkok.com

1.真正的大飛機停在中央因而被觀光客命名為飛機市集 / 2.市集內有非常多自我創意手作商品，每個都是獨一無二，很有特色 / 3.2017年開幕的昶隨市集，是由泰國FlyNow的藝術總監結合文創者發想為主的市集 / 4.畫成這樣的洗手間，實在認不太出來 / 5.生動的表情、逗趣的眼神；令人會心一笑的塗鴉 / 6.UDII內部融合傳統與現代設計的環境，根本是網美最好拍照的地方

**Asia Tique
The River Front**

- ✉ 2194 Charoen Krung Rd, Khwaeng Wat Phraya Krai, Khet Bang Kho Laem, Krung Thep Maha Nakhon Bangkok, Thailand
- ☎ +66 2 108 4488
- 🕐 17:00～00:00
- ➡ **1.**搭乘空鐵到沙潘塔克辛站(Saphan Taksin) 2號出口下去就可以看到往Asia Tique的接駁船(16:00開始營運的免費接駁船)／**2.**除了搭船抵達之外，還可以到「Saphan Taksin」站旁的Robinson百貨對面搭乘NO.1、15、17、22、75、163公車到「Asia Tique」
- ℹ 如不想排隊等候免費接駁船，可在碼頭付費搭乘其他有到Asia Tique的船隻(約10～20銖)，請注意船班時間返回市區
- 🌐 www.asiatiquethailand.com
- 🗺 封面裡

1.保有古暹邏運河倉庫群的面貌及濃厚的歐式風情／2.如搭船過來會在碼頭區下船進入Asia Tique／3.搭車過來會由此門進入／4.服飾、首飾、生活擺飾或是流行包包，都能在此買到，很好下手／5.大小餐廳有40多間，逛累了就吃，吃飽了繼續逛

湄南河濱超大觀光夜市

湄南河河濱夜市
Asia Tique The River Front
最具代表的觀光夜市

CREDIT CARD

　　早在拉瑪五世皇時期就是個開啓歐洲各國通商相當重要的港口，隨著時代的改變，港口功能消失逐漸沒落。如今不但以嶄新的面貌再次站上湄南河畔，還因保有古暹邏河的倉庫群及碼頭，讓人感受到濃濃的殖民風。

　　「Asia Tique」是曼谷最大、最摩登的觀光夜市，擁有40間的餐廳、1,500間商店、2個大型劇場及1間紀念博物館。無論是設計品牌、個性潮衣、紀念品、裝飾配件、紡織布料、NaRaYa、土產店或是餐廳、SPA按摩……應有盡有。

　　搭船往返「Asia Tique」是我認爲最棒的交通方式，光是碼頭附近就玩得不亦樂乎，吃得不亦「豐」乎，大大摩天輪下的風景讓人覺得熱鬧非凡，逛在棋盤式的商店群，讓人有置身小歐州的舒活，看看街頭藝人表演，聽聽Live Band，晚上8點還可以看看最新的「Muay Thai泰拳」，充實愉快。

草根性十足的
當地夜市

CREDIT CARD

Train Night Market Kaset Nawamin

NO.3 火車夜市

Train Night Market Kaset Nawamin

✉ Prasert-Manukitch Rd, Nawamin Bueng Kum Bangkok ,Thailand／泰文：แยก เกษตร นว มิ นท ร์ รัช ดา รามอินทรา แขวง นวลจันทร์ เขต บึงกุม กรุงเทพมหานคร (因為地方較偏遠，建議搭計程車時，把泰文的地名及地址準備好給司機比較妥當)

☎ +66 92 359 8877

⊙ 週四～日17:00～01:00

➤ 搭計程車到曼谷東北邊的 Bueng Kum區，Kaset-Nawamin路與Ratchada-Ramintra路交接處，車資約300銖。建議可從距離最近的MRT「Lat Phrao」站搭乘Taxi約13公里，較省車資

ⓘ 下午5點攤商才陸續進入，建議晚1小時造訪較為熱鬧

MAP 封面裡

　　曼谷繼Rachada和Srinakarin兩個火車夜市後，在2015年巧克力山莊附近營運了一個「NO.3火車夜市」（Train Night Market Kaset Nawamin）。

　　NO.3火車夜市是Tarad Rodfi第四代的夜市，雖說沒有前三代的極懷舊風，但規畫得非常好，無論是小吃攤販或是商家、餐廳、貨櫃屋的小店，都在「田字方格」中有著精心策畫，簡單分區讓人們逛起來的動線流暢、寬闊，光這點就有別一般的傳統夜市，整個大大加分。

南洋風味十足的小吃大派對

　　每週四～日才營業的「NO.3火車夜市」，名符其實有個古老的火車頭，眾多商攤上的燈光排出好幾列的「星光小道」，整排偉士牌復古車及精緻的台車都是超好的背景，彷彿來到懷舊的「古董車世界」，讓人印象深刻。這裡五花八門的國民小吃，米粉湯、烤肉、煎魷魚、宋丹……好多好多，其中現包、現做的各式如餛飩般的小點，配上各種米線，出乎意料的好吃。其他繽紛多元的飲品、沁涼的西瓜、消暑的椰子冰沙，十足的「小吃大派對」。

　　傑菲亞娃逛遍曼谷大小夜市，「NO.3火車夜市」算是我的最愛，能把一個夜市設計成南洋風十足，又兼具創意設計、時尚風潮，逛起來很充實，即便捷運無法抵達，但搭計程車也還算方便。

1.古老的火車頭十足代表了No.3火車夜市／2.現場至少有20多台古董偉士牌，很多人喜愛／3.攤商無奇不有，家中收藏品拿出來擺攤很是有趣／4.各式各樣的小吃攤

圖片提供／泰國觀光局

湄南河
一日遊

曼谷是個延續傳統，承接未來的大都會，你會發現在曼谷可以看到原來的泰國文化建築，又能遇見現代未來的時尚潮流，當這兩種元素放在一起不但不違和，反而豐富的理所當然，值得細細品味。

能貫穿古今中外最大的功臣就是昭披耶河 (Chao Phraya River) 又稱為湄南河，此河在泰國的生活中扮演著許多角色，事實上它被視為民族的主要動脈，泰國兩大王朝的歷史正是從湄南河周邊開始，它清楚記載著泰國兩百多年的歷史和文化，因此要了解當地生活及特殊風情，來一趟湄南河是有必要的。

湄南河有豐富的日遊及夜遊行程，尤其是白天可造訪的景點，無論是歷史古蹟、文創市集、傳統市場、人氣景點，想要迅速把這些景點串在一起的方法，就是來趟「湄南河觀光船一日遊」。

貫穿古今，有文化、有玩樂

　　既然要遊湄南河，當然要先到碼頭囉！大家也不用擔心前往湄南河搭船碼頭的交通方式有什麼難的，搭乘 BTS 到 S6 沙潘塔克辛站 (Saphan Taksin) 一出站左邊下樓梯，馬上就看到中央碼頭的指示牌。

　　在 Central 中央碼頭有非常多的船公司，經營著以沙吞碼頭，亦稱之為中央碼頭 (Sathorn Pier) 開始的遊船路線，往北有 N1 ～ N33；往南則是 S1 ～ S4，共有 38 個碼頭綠旗、橘旗、黃旗、藍旗……，依船班停靠站，船資從 10 ～ 32 銖不等，知名的 Asia Tique 湄南河河濱夜市則有另有免費接駁船或是搭乘付費船前往，船班多方便訪客選擇。

1.兩層設計的湄南河觀光船，搭乘起來舒適又安全 / 2.無論是交通船、飯店接駁船、觀光船都以沙吞碼頭開始，分為往北的N1～N33碼頭及往南的S1～S4

One Day Pass 遊河最划算

　　傑菲亞娃大力推薦「湄南河觀光船 (Chao Phraya Tourist Boat)」，由藍旗所推出的「One Day Pass」只要 180 銖 (如單站購買則為 40 銖)，就可以在船班營運時間隨你上下，景點愛停留多久就停留多久。

　　對觀光客來說，更為方便的是，船公司以循環的班表方式發船，也就是上下船碼頭為同一處，只要看到是這家船公司的藍色旗幟就可以上船，最後都會繞回原來碼頭，完全不用擔心迷路或是坐錯方向。

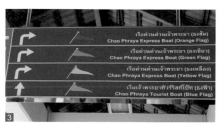

3.主要的4個顏色船家為：橘旗、綠旗、黃旗、藍旗 / 4.湄南河觀光船在中央碼頭設有專屬櫃檯

購票後，船家除了會給張船票當通行證外，也會提供觀光手冊，內有每個碼頭及景點説明，大家可以依船班時間前往碼頭搭船到下一站。傑菲亞娃個人覺得詳細的班表對安排行程非常有利，減少在碼頭耗時候船的時間。

1.以180銖購買One Day Pass可於當日在許多觀光景點的碼頭無限次上下船 / 2.所有湄南河觀光船均以One Day Pass上船驗票，務必保管好

停靠 12 個碼頭玩透透

湄南河觀光船由北到南一共停靠 12 個大小碼頭，除了 Asia Tique 湄南河河濱夜市外，觀光客最常造訪的碼頭有：N1 ～ N3 碼頭為知名飯店群及 River City Mall、N5 ～ N6 碼頭的中國城及傳統市場、N8 ～ N9 碼頭皇宮廟宇，N13 碼頭為熱情的拷山路，讓整個日遊行程豐富又精采。

起站為 Sathorn Pier，營運時間 09:00 ～ 17:30，終站 Phra Arthit，營運時間 09:30 ～ 18:00，每半小時發一班船，非常快捷。

3.船的下層雖然是3排座椅，但空間寬敞，坐起來還算舒適 / 4.船的上層為開放式的座椅，360度的視野極佳，嚴禁站立

湄南河遊船路線圖

地圖提供 / 湄南河觀光船 Chao Phraya Tourist Boat

Si Phraya (N3) 碼頭

火船廊 LHONG 1919

三合院造型的新興文創園區

湄南河N1～N3碼頭大部分都是知名的飯店，但其中N3四帕亞碼頭（Si Praya）的「River City」是個大型的Shopping Mall；內有許多店家和餐廳，不少夜遊湄南河的船家是在此售票、發船的，喜歡夜遊湄南河的朋友一定要知道這個碼頭。

歷史文創園區：LHONG 1919

在Si Praya碼頭對面有個2018新景點「火船廊」（LHONG 1919），是華人在泰國發展非常重要的註腳，清朝時期就在中泰間往來貿易的「鬢利家族」有著一百多年的歷史背景，如今將原來的鬢利故居及火船廊發展出極具價值的「LHONG 1919」歷史文創園區。

以3座建築物組成U字形的三合院，原為鬢利家族的故居，本來要留給老員工當住宅，後來才發展文創觀光景點。開口方向正對著湄南河，按照「五行風水、天地相連」來布局，且地基、樓板、門窗、屋頂全部採用柚木建構。供奉馬祖娘娘的正廳面對著湄南河，祈福保佑往來的船隻都順利平安，廳前有個大的香爐供民眾參拜，兩旁掛著如牆畫般的中國傳統嫁衣，喜氣十足。

MAP 封面裡

1,2.N3碼頭是許多夜遊湄南河上船的碼頭，一旁的River City商場可提供候靠船訪客打發時間 / 3.N3下一站是觀光船新停靠的碼頭，就在River City的斜對面 / 4.2018年的新景點火船廊LHONG 1919可說是新興的文創區

1.手作皮革包獨一無二又有創意／2.大幅的古樸壁畫是最好的拍照背景／3.1樓的文創店家均有個人特色，大部分都是泰國設計師創立的品牌

清朝張之洞贈予「惠此中國」匾額

　　宅院側邊為上下兩層的設計，循著老舊木梯上去頗有古意，據說這以前是辦公室和倉庫之用。2樓正廳名為聚寶盆，在聚寶堂的梁柱上掛有晚清重臣張之洞落款的「惠此中國」匾額，這匾額是彰顯覺利家族對於中泰兩國的貢獻，足見覺利家族在當時的影響力。

　　1樓的左右廳非常熱鬧，有各式文創店家與餐廳，其中有不少手工藝品店極具特色，且大部分都是泰國本地設計，獨一無二的想法賦予商品無限的生命力，令人驚豔的是每個小店各自營造出的氛圍不但有氣質還很有亮點，值得細細觀賞。非常開心在拍照之餘還能找到自己喜歡的商品，有時候支持創作者的手工藝品也是種善良觀光客的表現。

192

參觀重點1 覺利家族故居

參觀重點2 張之洞所贈匾額

參觀重點3 中國傳統新娘衣

參觀重點4 簡樸的傳統古宅

參觀重點5 歷史的軌跡

　　湄南河的N5、N6碼頭算是曼谷的老城區，N5碼頭因可通往耀華力路（Yaowarat）的中國城，是最多人上下船的碼頭。中國城（YaoWarat）之所以命名爲「YaoWarat」，是因爲這條路是五世皇所建的。當初五世皇15歲即登基，所以被百姓稱之爲年輕的國王，YaoWarat的泰文就是年輕國王的意思。目前居住在曼谷的華裔人口約占總人數的15%，最早的移民紀錄可追溯到大城時代，當初有一群華人移民落腳在湄南河畔，一直到卻克里王朝拉瑪一世建築皇宮時才把華人社區遷至三聘區（Sampeng），也就是現在的中國城。

➡ 從Tha Ratchawong(N5)碼頭下船，沿著Ratchawong路走就可以到耀華力路，也就是中國城

MAP 封面裡

1.從碼頭一路直直走來就是三聘商圈／2.耀華力路中國城是早期華人到泰國居住做生意的發源地，瀰漫著60年代的中國氣息／3.當年在中國城的華人大多來自福建漳州一帶，且不少經營餐廳及金子店，因此街上一堆秀著中文的招牌，一點都不像來到曼谷／4.7、80年歷史的林真香本舖，烤的油油亮亮的燻鴨肉是店內的招牌／5.逛累了喝一杯消暑解渴的涼茶，實在太好了

泰國華僑主要商貿中心

　　原以爲中國城應該就是些老店面、老餐廳，沒想到居然藏著這樣親民的潮流區，從N5拉查翁碼頭（Ratchawong）下船就看到中英文指標，很好找。密集建築物群的耀華力路，滿滿都是秀著中文金店、鐘錶行的招牌，根本忘了身在曼谷。馬路兩排的小街小巷內，陳列著乾貨、茶葉、中藥鋪、燕窩魚翅的商店，還有不少巷弄的傳統美食，可以說是泰國華僑主要商業貿易中心，觀光客來此可以看看華僑在曼谷的生活方式。

三聘批發商圈

- 沿著Ratchawong路步行約5分鐘到Soi Wanit 1的街道，左右都是屬於三聘批發商圈
- MAP 封面裡

1.除了主道路有一整排的商家外，巷弄的商場店家更是熱鬧，千萬多留點時間入小巷挖寶／2.有些店家同時可零售也可以批發，這家首飾批發店沒有零售，流行耳環需購買6個以上才能享受35～45銖的單價

黃炳春魚丸麵店

- 438 Phat Sai, Khwaeng Samphanthawong, Khet Samphanthawong, Krung Thep Maha Nakhon Bangkok, Thailand
- +66 81 7325955
- 08:00～14:00
- 40銖起
- 從Tha Ratchawong(N5)碼頭下船，沿著Ratchawong路走到耀華力路往右轉，約400公尺就到
- MAP 封面裡

1.隱身在騎樓門面很小的黃炳春麵店／2.麵店內是狹長的空間，整個看過去都是黑壓壓的客人，生意真的很好／3.麵Q彈、湯香甜，配料多選擇，最基本的一碗才40銖，難怪高朋滿座

三聘批發商圈
Sampeng Market

泰國華僑主要商貿中心

三聘區（Sampeng）原本就是華人最早定居開發的地方，後來慢慢成為橫跨4條街的商攤聚集地，整個商圈以女生的飾品批發為主，像是手環、髮飾、耳環、鍊子……，各式各樣的造型都有，價位也都非常便宜，且店家還會提供量多的優惠價，因此許多當地人會來此批貨，而我們這些觀光客就很好掃貨，便宜又好，送禮自用兩相宜。

這裡除了成品外也有許多材料店，有點像我們台北後車站區，喜歡手作DIY的朋友不妨來此瞧瞧，搞不好可以挖到需要的好貨。

黃炳春魚丸麵店

潮州汕頭家傳手工魚丸

有80年歷史的「黃炳春魚丸麵店」，湯清甜、料實在，一向以製作魚產品聞名。老板娘說她們是潮州汕頭人，家傳的手工魚丸之所以可以屹立不搖，是因為完全不摻麵粉，且親自研發各種獨特口味，第一家把芋頭加入魚丸內，以豬大骨及海鮮熬煮湯頭，所以特別鮮甜，吸引本地或是國外媒體來此報導，因此聲名大噪，座無虛席。

「黃炳春魚丸麵店」有超多選擇，每一種都好吃的不得了，且只要花40銖起就可以享用一碗鮮甜可口的丸子麵。

Pak Khlong Talat (N6/1) 碼頭

徒步區 Yodpiman River

大城王朝建築風格為主題

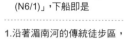

來到N6/1帕空達拉碼頭（Pak Khlong Talat）的小碼頭，旁邊有個很傳統的徒步區「Yodpiman River Walk」，這是以泰國大城王朝建築風格為主題而建造的，於2014年開業，內有商店餐館及小吃攤。

順著店家騎樓走來會發現兩旁的鵝黃色建築頗有法式殖民風的感覺，看了牆上的文字知道這裡是1960年的「Yodpiman Flower City」，昔日極為繁榮，後來慢慢沒落，但由於位居重要的湄南河畔，因此翻修3層樓的建築，內設有餐廳、商家及一個大型的啤酒花園，計畫打造當地人或觀光客的娛樂場所。

目前「Yodpiman Flower City」商場內的攤位及店家還未全部進駐，第二、三層已有幾家濱河觀景餐館開業，是能邊吃晚餐邊賞夜景的好地方。據說商場的總投資額為15億銖，之所以敢如此重金打造，全是因為看好曼谷未來的地鐵能通往這裡的街區，加上臨近快艇碼頭，肯定會帶來人流，未來會成為曼谷新興的熱門觀光景點。

➲ 搭船至「Pak Khlong Talat（N6/1）」，下船即是

1.沿著湄南河的傳統徒步區，傳統結合現代，風情萬種的老曼谷風貌／2.拉瑪一世時期蓋的華人廟在此突顯歷史軌跡／3.兩旁都是淡黃色的建築有著法式風情，商家餐廳密布，很適合觀光客造訪／4.1961年就有的Yodpi-man花市是當地人生活的重心

帕空花市

🚇 Chak Phet Road, the Memorial Bridge或 Saphan Phut Chao Phraya pier
📞 +66 2 254 1263
🕐 24小時，中午前較為熱鬧
🚤 搭船至「Pak Khlong Talat (N6/1)」碼頭，順著Yodpiman徒步區隨指標直走就是花市，或是搭船至「Memorial Bridge (N6)碼頭」往左邊順著指標步行約5分鐘來到一個大圓環，就是花市範圍
🗺 封面裡

1.接近花市就會發現家家戶戶門口都在賣花或是進行串花的工作／2.過了清晨很多攤販會出來做生意，整個花市就變得更熱鬧了／3.店家以了不起的功夫做出的扎實花串／4.這種小小的圓形串花是廟宇常見的樣式

帕空花市
Pak Khlong Talat

壯觀花海妝點市容

從步行街循著指標步行約5分鐘就進入花市區了，帕空花市（Pak Khlong Talat）是曼谷最大的花市，接近此區就已經看到一堆堆賣著花朵的住宅攤家，走進市場根本就是花海啊！各式各樣的花卉，本地的、進口的都有，從當地品種茉莉花、菊花、非洲菊、蘭花、百合花、玫瑰花，到進口品種鬱金香、金魚草、鳶尾花、洋桔梗、飛燕草，應有盡有。

各式花具飾品一應俱全

除了花朵外，跟花有關的用具及裝飾也很豐富，像是：花瓶、花盆、花泥、絲帶、花繩、細枝⋯⋯，有些花商會提供特殊活動所用的花樹、花環的製作服務，所以很多相關業者都會來此訂購，可以說全曼谷只要是需要有關花的裝飾或擺飾，那來帕空花市就對了。

商家清晨3、4點就開始準備整批整批的花卉以利販售，大多都是以50或100支大包出售，但如果是小朵玉蘭花之類的就分裝成一包包的販售，廠商們都是中午前完成交易，也就是早上7點左右到市場，花與人都熱鬧，但說真的，觀光客不用清晨來看此盛況，我們午後看到的花市已經是非常壯觀了。

Tha Tien (N8) 碼頭

臥佛寺
Wat Pho

泰國最大、最古老廟宇

　　從N8塔田碼頭（Tha Tien）出來有一排個性咖啡店滿受觀光客喜愛的，不妨找家心儀的咖啡店坐坐，從這裡步行前往臥佛寺只要5分鐘。

　　臥佛寺（Wat Pho）又稱「菩提寺」，是泰國最大、最古老的廟寺，從大城王朝就留下來，由國王拉瑪一世於1785年重建。寺內除了供奉1,000多尊佛像及知名的釋迦牟尼臥佛像外，還有個研究草藥及健康按摩中心，臥佛寺傳授的古式指壓非常正統，開班授課以來學員很多，附近有不少店家標榜從臥佛寺學成的指壓店深受觀光客的青睞。

臥佛寺

✉ 2 Sanamchai Rd. Subdistrict Pranakorn District Bangkok, Thailand
📞 +66 2 225 9595
🕐 08:00～18:30
💲 100銖
➡ 搭船到8號碼頭Tha Tien（N8），面對Maharat 路左轉就是臥佛寺
🗺 封面裡

1.N8塔田碼頭比起N5、N6碼頭小很多，但走出碼頭還是有自成一格的熱鬧／2.附近有很多店家標出From Wat Pho的指壓店，費用與一般指壓店差不多，1小時250銖／3.臥佛寺（圖片提供／泰國觀光局）／4.碼頭出來一排個性咖啡店，選了間有自家商品的咖啡店，設計擺設獨樹一格

鄭王廟
🏠 158 Thanon Wang Doem, Khwaeng Wat Arun, Khet Bangkok Yai, Krung Thep Maha Nakhon Bangkok, Thailand
📞 +66 2 891 2185
🕐 08:30～18:00
💲 50銖
➡️ 從N8 Tha Tien碼頭搭船到對面就是鄭王廟，如搭乘空鐵至BTS「Wongwian Yai」站2號出口，轉乘計程車約15～20分鐘可達
🗺️ 封面裡

1.主塔有4層，描繪著佛祖及史詩的故事，塔身彩色碎磚拼接的花朵葉蔓很是美麗／2.酷似關公的武將鎮守，有著濃厚華人色彩／3.鄭王廟是為了紀念泰國的民族英雄鄭信王，據說當年他率兵擊潰緬甸軍，乘著船沿河進入曼谷在黎明時分抵達了這座廟，因此鄭王廟又稱為黎明寺／4.主塔建於1809年，是規模最大的舍利塔，有泰國艾菲爾鐵塔的美稱／5.到了夜晚燈光一打，鄭王廟璀璨無比，明信片上的這一幕太光彩奪目了(圖片提供／泰國觀光局)

鄭王廟 Wat Arun

泰國艾菲爾鐵塔

從N8塔田碼頭再搭船去對岸，就能造訪明信片上的「黎明寺」（鄭王廟，Wat Arun）。湄南河及支流被分為左右兩邊，左邊知名的「鄭王廟」是當初鄭信王歷時15年「吞武里王朝（ThonBuri）」建都的象徵。

鄭王廟是湄南河西畔吞武里區的一所佛教寺院，前身是大成王朝建立的橄欖樹佛寺，後來鄭信王建立了吞武里王朝後，經過擴建修繕後成為現在的鄭王廟，是泰國境內規模最大的大乘佛教舍利塔，因此享有「泰國艾菲爾鐵塔」的美稱。

建築與印度佛教及史詩神話有關

由於鄭王廟從拉瑪一世（1809年）就開始興建，據說當初是以濕婆神的住所而建立的，後來修建的國王以佛教加了許多相關元素，4座較低塔樓簇擁著主塔是最主要的格局。而鄭王廟的重頭戲就是高4層的主塔，這主塔分述著跟佛祖有關的故事及史詩神話，像是第一層：佛陀的誕生與覺悟、第二層：男的金納羅（Kinnara）和女的金納里（Kinnari）的人鳥神話、第三層由Rama史詩中的猴神哈努曼雕像撐頂著、第四層天上的提婆柱子，塔尖則是非常熟悉的印度神話的毗濕奴及坐騎大鵬金翅鳥，這些多元化的宗教描繪，值得大家就近慢慢欣賞。

Tha Chang
(N9) 碼頭

大皇宮周邊
The Grand Palace

護國神殿「玉佛寺」

與鄭王廟隔河相對同時有著「重大歷史地位」的著名皇宮寺廟當屬「玉佛寺」及「大皇宮」。

大皇宮（The Grand Palace）是卻克理王朝首座王宮，於1783年由拉瑪一世親手策畫的，整個大皇宮區域內的建築物超過100座，所有風格都是仿大城王朝時的傳統風格，知名建築群包括：節基皇殿、大佛塔、東殿、藏經閣、佛塔及備受泰國人景仰的護國寺神殿「玉佛寺」。

小吳哥窟模型依照柬埔寨而建

環繞這些金碧輝煌的寺廟中，隆重莊嚴的感覺從來沒有少過，在藏經閣旁的小吳哥窟模型是拉瑪四世下令依照柬埔寨小吳哥建造的。對照歷史及近代，兩國為了爭奪邊境的世界遺產著實令人玩味。

「玉佛寺」顧名思義就是供奉著玉佛，嚴格來說玉佛對著中南半島國家具有重大的意義，相傳玉佛在哪個國家，那個國家就會強盛，所以多年來玉佛已在中南半島巡迴了好幾趟，最後才在泰國停留。泰國歷代國王都會在換季時替玉佛更衣，被視為護國神殿，進入玉佛寺非常嚴格，除了本來的服裝規定，還要脫鞋入內虔誠膜拜，不得嬉鬧、不得拍照。

大皇宮

- ✉ 1 Maha Rat Rd, Khet Phra Nakhon, Krung Thep Maha Nakhon Bangkok, Thailand
- ☎ +66 2 623 5500
- ⏰ 08:30～15:30
- 💲 500銖
- ➡ 搭船到9號塔張碼頭Tha Chang(N9)步行約5分鐘就是大皇宮
- ℹ 服裝規定非常嚴格，不能穿著背心、褲子或裙子露腳不得超過5公分，不能穿破褲子、單穿褲襪或是內搭褲
- MAP 封面裡

---

1. 永生永世都必須保護拉瑪王的夜叉可說是大皇宮的重要門神／2.錫蘭式的大金舍利佛塔，是大皇宮三大建築之一／3.皇宮內有許多史詩故事的雕像，夜叉王戴著高高的黃金神冠，身穿金甲，青面獠牙的雙手上托，保護著整座佛塔／4.高棉曾經屬於泰國，因此四世皇便在皇宮做了個小吳哥模型讓世人記得這段輝煌的歷史

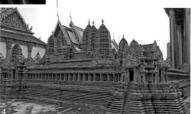

瑪哈拉碼頭文青市集
Tha Maharaj

瑪哈拉碼頭文青市集

✉ 1/11 Tha Maharaj Trok Mahathat，Maharaj Road Praborrommaharachawang Phranakorn Bangkok Thailand

📞 +66 2 024 1393

🕐 10:00～22:00

➡ 僅湄南河日遊觀光船(Chao Praya Tourist Boat)藍旗船會在「Tha Maharaj」停靠

MAP 封面裡

1.市集正門口步行600公尺可到大皇宮／2.建築物兩層設計，上下層的動線很流暢／3.市集內餐廳商家小攤都有，逛逛吃吃都方便／4.瑪哈拉碼頭發展成文青市集，共有7棟建築

河濱商城占地廣闊

從大皇宮步行約600公尺就可抵達瑪哈拉碼頭文青市集(Tha Maharaj)，其前身是湄南河運輸和貿易中心，後來改造成河濱商城。占地3千多平方公尺，一共有7棟建築，內有露天餐廳，零售商店、河畔廣場和花園，算是湄南河畔碼頭交通結合觀光的旅遊景點。

從大馬路入口進來，頗有「別有洞天」的驚喜，長廊串起獨立的7棟建築，空間動線設計極為流暢，目前進駐商店以美食餐廳與飲料甜點為大宗，有泰國知名的Savoey、Zaab Eli、S&P等連鎖餐廳，Starbucks、Dunkin' Donuts等國際連鎖品牌已進駐，也有After You、Elmar Offwhite等泰國品牌甜點店。其中星巴克是全泰國最接近河畔的分店，因此要享受河畔下午茶在這裡絕對是不錯的選擇。

可搭藍旗船返回中央碼頭

園區內除了店家還有許多服飾首飾的小攤家，逛起來其實滿有趣的，在此悠悠哉哉的逛逛、喝喝下午茶欣賞河畔夕陽，如此這般，甚為美好。由於Tha Maharaj僅湄南河日遊的觀光船(Chao Praya Tourist Boat, CTB)路線會在此停靠，也就是俗稱的藍旗船，因此使用One Day Pass剛好讓我們從這搭船返回中央碼頭，很方便。

拷山路 Khao San Rd.

背包客的天堂

N13帕拉阿提碼頭 (Tha Phra Arthit) 下船，穿過馬路從Soi (巷) Ram Butri轉進就是傳說中背包客的天堂拷山路 (Khao San)。

Khao San是「米」的意思，從前是條儲存穀米的舊街，1982年泰國政府為了慶祝曼谷建都200週年舉行了許多慶典活動，世界各地觀光客蜂擁而來，住宿供不應求，當時歐美的背包客就到離皇宮僅20分鐘步行路程的拷山路尋找下榻的地方，結果當地居民以低價住宿接納這些旅人。

潑水節封街大肆慶祝

就這樣拷山路成為背包客民宿群，為了迎合歐美觀光客，拷山路便開始經營各式老外喜歡的生意，讓現在長1公里的拷山路有著太多民宿及經濟型飯店，其他的娛樂項目網吧、酒吧、餐廳、按摩院、市場攤位、紋身店，更是一應俱全。這些發展讓拷山路瀰漫著自由自在的享樂氛圍，加上每年泰國潑水節這裡還會封街大肆慶祝，不但很受當地人歡迎，觀光客更是慕名前來感受這份熱情。

✉ Thanon Khao San, Khwaeng Talat Yot, Khet Phra Nakhon, Krung Thep Maha Nakhon Bangkok Thailand

➡ 搭船到13號帕拉阿提碼頭 Tha Phra Arthit(N13)出來，穿過馬路走進Soi Rambutri就進入拷山路的範圍

🗺 封面裡

1.從碼頭循著指標過馬路往Rambutri巷內走進，就是背包客的天堂 / 2.小吃攤、咖啡店、啤酒吧，滿足各式各樣的觀光客 / 3.每逢潑水節拷山路是全曼谷最熱鬧的封街區域 / 4.拷山路上只要是觀光客需要的店家全都有，像是換錢所、洗衣店、餐館、民宿……無一不缺

河中島
Koh Kret
曼谷人的後花園

✉ Tambon Ko Kret，Amphoe Pak Kret，Nonthaburi Thailand

🕐 09:00～16:00

🚩 **1.** 搭BTS Silom線到S6「Saphan Taksin」站，改搭Taxi到「Koh Kret」

2. 中央碼頭搭乘交通船到N30「NonthaBuri」，下船後再搭長尾船約15分鐘到「Koh Kret」的碼頭

3. 在勝利紀念碑(Victory Monument)大圓環，搭乘166公車到Pak Kret的肯德基下車，穿過寺廟就是Koh Kret碼頭(腳程約10分鐘)

　　位於曼谷北部Nontha Buri的河中島(Koh Kret)，其歷史要從1722年開始說起。當時為了建立湄南河的捷徑，不斷拓寬工程的結果，反而把它切成一個獨立的小島，「河中島」的名稱因此而來。

　　據說島上最原始的居民是西元6～10世紀統治泰國中部的孟族後裔，孟族最擅長陶製工藝，加上湄南河區域都屬較軟的土質，非常好捏陶，他們常常隨手抓一把泥土，立馬就可以抓出一個形狀，所以這裡又稱之為「陶土島」。

呈現水上人家與高棉文化

　　歷史不斷演變，後來在拉瑪一世攻打緬甸軍時人口驟減，於是「搶」了一批高棉人在此居住，所以在「河中島」有不少的高棉文化、寺廟、文字及民間習俗。

「河中島」並不大，無論是從碼頭或是道路抵達河中島，都在這小區域內，不用擔心會迷路。大家可以先到有著眾多手工藝品的「OTOP Village」逛逛，這裡有不少生活擺飾或是小玩意，尤其是陶工藝品，但這裡的陶土作品大部分都是未上漆有刻花的紅陶或黑陶，買回去還可自行再加工，頗為有趣的。

　　如果逛累了也不怕，這裡有許多小吃攤、河邊餐廳及Café，部分攤商的飲料是以陶杯當容器可讓人帶著走，非常特別。

　　河中島十足呈現原始的水上人家及許多高棉文化，完全顛覆大家對曼谷的印象，可以說是曼谷人的後花園，因此每逢假日訪客較多，碼頭會安排Koh Kret的觀光遊船，只要花50銖就能搭乘遊船，除了來場水上人家巡禮之外，還可以到「Home Made Desserts」看看泰國傳統甜點及手工藝品的製作過程。

1.河中島周圍居民住宅形成一片水上社區 / 2.大大金光閃閃的坐佛是河中島最明顯的地標 / 3.長尾船穿梭在河中島已是隨處能見到的景色 / 4.河中島上的手工甜點村可現場看到泰國傳統甜點的製作過程，很有趣 / 5.「Home Made Desserts」另外付費的手工繪圖DIY / 6.這一區的泥土比較軟，每家每戶的高腳屋下都能抓起一把土來捏陶，才使得河中島有陶土島之稱 / 7.白色傾斜的佛塔是由黏土做出來的，太不可思議了 / 8.河中島上的餐廳大部分都是小小的很可愛，河畔樓中樓的米粉湯店成了島上的高檔餐廳 / 9,10.Koh Kret碼頭外的Wat Sunam Nuea寺廟有人力車，可搭人力車約20銖到Pak Kret搭166公車回曼谷

河中島地圖

湄南河最新

湄南河畔全新閃亮地標

ICONSIAM

亞洲時尚界的消費殿堂

📍 299 Soi Charoen Nakhon 5, Charoen Nakhon Road, Khlong Ton Sai, Khlong San 10600 Bangkok, Thailand

📞 +66 2 495 700

🕐 09:00～23:00

➡️ 雖然位處湄南河畔,但暹羅天地在碼頭及捷運站都提供了免費接駁車往返,未來更計畫曼谷捷運全新金色線可直接抵達
1.中央碼頭Sathorn(CEN)搭乘接駁船(約10分鐘一班)
2.BTS「Krung Thon Buri (S7)」站搭乘接駁車(約15分鐘一班)

🌐 www.iconsiam.com

🗺️ 封面裡

　　泰國高檔百貨龍頭Siam Piwat集團於2005年斥資150億泰銖建立的Siam Paragon,是座震驚亞洲時尚界的消費殿堂,可以說是曼谷的驕傲。而如今這集團又有驚人之舉了,集團與Magnolia Quality Development、CP正大集團聯手打造,破紀錄地耗資540億泰銖打造全新的商場於2018年11月盛大開幕了。

賞湄南河風光的逛街購物商場

　　「暹羅天地ICONSIAM」位於湄南河西岸,商場充分發揮湄南河畔的優勢,沿著河畔400公尺打造出絕佳景致的商場。暹羅天地總面積超過75萬平方公尺,包括兩座購物中心、The Residences at Mandarin Oriental Bangkok飯店及全曼谷最高70層的公寓大廈(Magnolia Waterfront Residences)。

　　湄南河畔有非常多知名的國際五星飯店,也有不少觀光客必訪的景點,例如:唐人街、臥佛寺、鄭王廟和大皇宮等等,但卻沒有像樣的大型商場,實在可惜。

　　新開幕的暹羅天地ICONSIAM就在半島酒店和Millennium Hilton酒店的中間,對岸是文華東方和River City,這樣的黃金區域,暹羅天地的出現無疑是豐富了整個湄南河畔的觀光元素,對觀光客來說真是大大的福音。

室內水上市場、空中花園與高空酒吧其聚集

巨大的百貨商場結合了購物、娛樂、飲食、文創市集等元素，多達500間國際與泰國品牌進駐，且眾多品牌在此經營旗艦店，可以說是盛況空前。此外也有不少首次進駐的品牌，像是日本品牌高島屋（Takashimaya）和Apple Store，是個相當國際化的複合式購物商場。

除了精采的品牌群，ICONSIAM的美食區是絕對不容錯過的，商場特別規畫的「Sook Siam」區域，有超過30個國家的美食，100個餐飲品牌進駐，還有空中花園與高空酒吧，更將美食區打造爲室內水上市場，提供泰國76府的美食及手工藝品，呈現最接地氣的傳統文化。

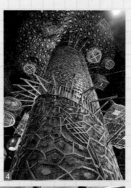

除了好吃好買外，「暹羅天地ICONSIAM」的娛樂設施也非常完善，七星級的電影院、遊樂園、健身中心、國家級文物博物館、展覽館、藝術館都齊全，加上五星高檔飯店，暹羅天地已經不是僅購物商場的機能，而是湄南河畔最閃亮的泰式新浪潮。

世界主題之旅 119 曼谷・象島
順遊達叻府、尖竹汶府

作　　者	傑菲亞娃	

總 編 輯	張芳玲
編輯部主任	張焙宜
發想企劃	taiya旅遊研究室
企劃編輯	林孟儒
主責編輯	張焙宜
文字編輯	高美慧
封面設計	許志忠
美術設計	許志忠
地圖繪製	許志忠

國家圖書館出版品預行編目(CIP)資料

曼谷.象島：順遊達叻府、尖竹汶府／
傑菲亞娃作. ——初版，——臺北市：
太雅，　2019.03
面；　公分 . ——（世界主題之旅；119）
ISBN　978-986-336-297-5（平裝）
1.旅遊　2.泰國曼谷
738.29　　　　　　　　　　　　107023165

太雅出版社
TEL：(02)2882-0755　FAX：(02)2882-1500
E-MAIL：taiya@morningstar.com.tw
郵政信箱：台北市郵政53-1291號信箱
太雅網址：http://taiya.morningstar.com.tw
購書網址：http://www.morningstar.com.tw
讀者專線：(04)2359-5819　分機230

出 版 者	太雅出版有限公司
	台北市11167劍潭路13號2樓
	行政院新聞局版台業字第五○○四號
總 經 銷	知己圖書股份有限公司
	台北：台北市106辛亥路一段30號9樓
	TEL：(02)2367-2044 / 2367-2047　FAX：(02)2363-5741
	台中：台中市407工業30路1號
	TEL：(04)2359-5819 FAX：(04)2359-5493
	E-mail：service@morningstar.com.tw
	網路書店：http://www.morningstar.com.tw
	郵政劃撥：15060393 (知己圖書股份有限公司)
法律顧問	陳思成 律師
印　　刷	上好印刷股份有限公司　TEL：(04)2315-0280
裝　　訂	大和精緻製訂股份有限公司　TEL：(04)2311-0221
初　　版	西元2019年03月01日
定　　價	350元

(本書如有破損或缺頁，退換書請寄至：台中市工業30路1號　太雅出版倉儲部收)

ISBN　978-986-336-297-5
Published by TAIYA Publishing Co.,Ltd.
Printed in Taiwan

編輯室：本書內容為作者實地採訪資料，書本發行後，開放時間、服務內容、票價費用、商店餐廳營業狀況等，均有變動的可能，建議讀者多利用書中網址查詢最新的資訊，也歡迎實地旅行或居住的讀者，不吝提供最新資訊，以幫助我們下一次的增修。聯絡信箱：taiya@morningstar.com.tw

填線上回函，送 "好禮"

感謝你購買太雅旅遊書籍！填寫線上讀者回函，
好康多多，並可收到太雅電子報、新書及講座資訊。

每單數月抽10位，送珍藏版「祝福徽章」

方法：掃QR Code，填寫線上讀者回函，
就有機會獲得珍藏版祝福徽章一份。

填修訂情報，就送精選「好書一本」

方法：填寫線上讀者回函，並提供使用本書後的修
訂情報，經查證無誤，就送太雅精選好書一本(書
單詳見回函網站)。

＊同時享有「好康1」的抽獎機會

曼谷・象島
順遊達叻府、尖竹汶府

goo.gl/VqtuUY

＊「好康1」及「好康2」的獲獎名單，我們會
於每單數月的10日公布於太雅部落格與太
雅愛看書粉絲團。

＊活動內容請依回函網站為準。太雅出版社保
留活動修改、變更、終止之權利。

太雅部落格 http://taiya.morningstar.com.tw
有行動力的旅行，從太雅出版社開始

太雅22週年慶

登錄發票，抽好禮，
首獎 CASIO 美肌運動防水相機

凡於 **2019.1.1-9.30** 期間購買太雅旅遊書籍（不限品項及數量）上網登錄發票，即可參加抽獎。

精緻好禮等你拿

登錄發票

CASIO美肌運動
防水相機
（型號：EX-FR100L）

首獎
3名

普獎
100名

M Square旅用瓶罐組
（100ml*2＋50ml*2＋圓罐*2）

掃我進活動頁面

	活動時間
	2019/01/01～2019/09/30
	發票登入截止時間 2019/09/30 23:59
網址 taiya22.weebly.com	中獎名單公布日 2019/10/15

活動辦法

● 於活動期間內，購買太雅旅遊書籍（不限品項及數量），憑該筆購買發票至太雅22週年活動網頁，填寫個人真實資料，並將購買發票和購買明細拍照上傳，即可參加抽獎。

● 每張發票號碼限登錄乙次，即可獲得1次抽獎機會。

● 參與本抽獎之發票須為正本(不得為手開式發票)，且照片中的發票上須可清楚辨識購買之太雅旅遊書，確實符合本活動設定之活動期間內，方可參加。

　*若電子發票存於載具，請務必於購買商品時告知店家印出紙本發票及明細，以便拍照上傳。

◎ 主辦單位擁有活動最終決定權，如有變更，將公布於活動網頁、太雅部落格及「太雅愛看書」粉絲專頁，恕不另行通知。